Dabić

Grundwortschatz Bosnisch/Kroatisch/Serbisch für Pflege- und Gesundheitsberufe

Mascha Dabić

Grundwortschatz Bosnisch/Kroatisch/Serbisch für Pflege- und Gesundheitsberufe

B/K/S-Deutsch

Deutsch-B/K/S

2., aktualisierte und ergänzte Auflage

facultas

MMag. Mascha Dabić
Konferenzdolmetscherin für Englisch und Russisch und Literaturübersetzerin aus dem Bosnisch/Kroatisch/Serbischen. Lehrt Dolmetschen an den Universitäten Wien und Innsbruck; dolmetscht in der Psychotherapie im Asylbereich; journalistische Auseinandersetzung mit den Themen Migration und Integration auf *daStandard.at*.

Bibliografische Information der Deutschen Nationalbibliothek
Die Deutsche Nationalbibliothek verzeichnet diese Publikation in der Deutschen Nationalbibliografie; detaillierte bibliografische Daten sind im Internet über http://dnb.d-nb.de abrufbar.

2. Auflage 2020

facultas Universitätsverlag, Wien, Österreich
Coverfoto: © ma-no, istockphoto.com
Korrektorat: Silvia Stecher
Satz und Druck: Facultas Verlags- und Buchhandels AG
Printed in the E.U.
ISBN 978-3-7089-1874-7

Vorwort

Der Alltag in Pflegeberufen ist von Mehrsprachigkeit geprägt. Interkulturelle Teams sind an der Tagesordnung und Patientinnen und Patienten mit nichtdeutscher Muttersprache vielfach anzutreffen. Pflegende gerade in Mitteleuropa kommen immer häufiger mit bosnisch-, kroatisch- bzw. serbischsprachigen Personen in Kontakt.

Kommunikation ist gerade in der Pflege unabdingbar. Grundkenntnisse und wichtige Phrasen in der anderen Sprache können hier helfen, Missverständnisse zu vermeiden und den Alltag in Krankenhaus und Pflege einfacher zu gestalten.
Ein allgemeines Wörterbuch zum Nachschlagen ist da oft nicht genug. Dieses Buch versammelt deshalb wichtige Grundbegriffe und Phrasen ebenso wie hilfreiches Fachvokabular. Es geht aber auch darüber hinaus: Zum einen bietet es kurze Anweisungen, die im Umgang mit Patientinnen und Patienten eine große Hilfe sein können. Zum anderen finden sich darin beispielhafte Konversationen, wie sie im Pflegealltag häufig vorkommen – sie eignen sich zum Lernen und Üben ebenso wie für den Einsatz in der Praxis.

Die Vorlagen für die Phrasen und Beispieldialoge wurden dem Buch *Grundwortschatz Englisch für Pflegeberufe* entnommen, Autorin Adèle Jibidar stellte sie uns für dieses Buch zur Verfügung.
Damit vereint dieser Grundwortschatz das Fachwissen zweier Expertinnen: die sprachliche Expertise liefert Autorin und Übersetzerin Mascha Dabić, die pflegerische Expertise Adèle Jibidar mit ihrer langjährigen Pflege- und Unterrichtserfahrung.

Leserinnen und Lesern, Lernenden wie Pflegenden soll das Buch Handwerkszeug und Grundlage für eine erfolgreiche Kommunikation in der Praxis sein.

Das Verlagsteam   Wien, im Januar 2020

Inhalt

Übersichtsgrafik:
Der Körper

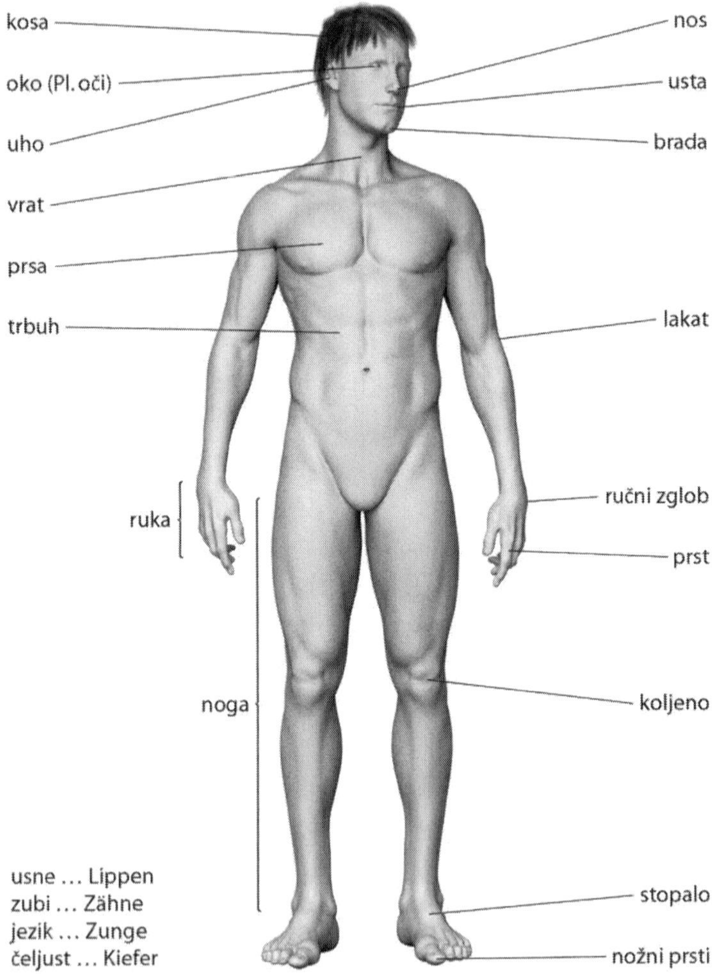

usne … Lippen
zubi … Zähne
jezik … Zunge
čeljust … Kiefer

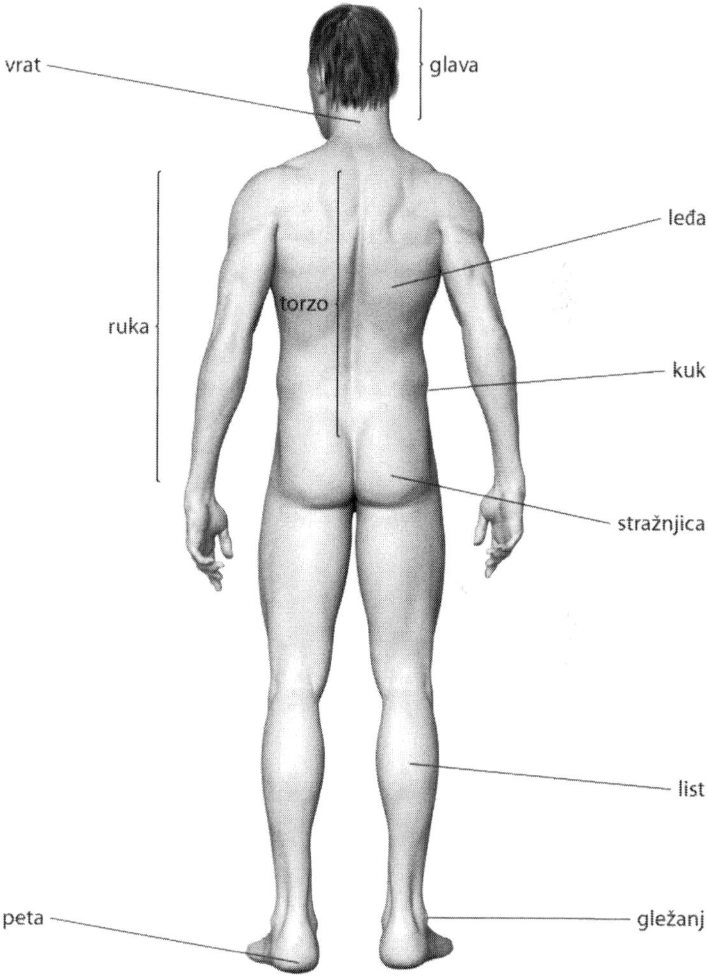
vrat
glava
leđa
torzo
ruka
kuk
stražnjica
list
peta
gležanj

Begriffstabelle Bosnisch/Kroatisch/Serbisch – Deutsch

A	
abdomen/trbuh	Abdomen/Bauch
abdominalan	abdominal/abdominell
abdominalna trudnoća	Abdominalgravidität/ Bauchhöhlenschwangerschaft
abduktor/mišić odmicač	Abduktor
abortirati/pobaciti	abtreiben
abortus/prekid trudnoće	Abortus/Abtreibung
adaptacija/prilagođivanje	Adaptation/Anpassung
adekvatan	adäquat/angemessen
adipozan/gojazan	adipös/fettleibig
administracija	Verwaltung
aerosol	Aerosol
afrodizijak/stimulativno sredstvo	Aphrodisiakum/ sexuell anregendes Mittel
aglutinacija/sljepljivanje	Agglutination
akutan	akut
alat/pribor	Werkzeug/Hilfsmittel
albinizam	Albinismus
albumin/bjelančevina	Albumin
alergen	Allergen
alergičan	allergisch
alergija	Allergie
alkalijski/lužnat	alkalisch/basisch
alveole	Alveolen
ambu vrećica (za umjetno disanje)	Ambu-Beutel
ambulanta/bolnica	Ambulanz/Spital
ambulanta/liječnička ordinacija	Arztpraxis
amnezija/gubitak pamćenja	Amnesie
amniocenteza	Amniozentese/ Fruchtwasseruntersuchung

amnioskopija/ pregled plodne vode	Amnioskopie/ Fruchtwasserspiegelung
ampula	Ampulle
amputacija/ablacija	Amputation/Ablation
anabolizam	Anabolismus
anaeroban/bez kisika	anaerob
anafilaktički šok	anaphylaktischer Schock
analgetički/ublažujući bol	analgetisch/schmerzstillend
analgetik	Analgetikum
analgezija/bezbolnost	Analgesie
analiza	Analyse
analiza krvi	Blutprobe
analni	anal
analogan	analog
anamneza	Anamnese, Krankenakte/-geschichte
anatomija	Anatomie
anemičan/malokrvan/slabokrvan	anämisch
anemija/malokrvnost/ slabokrvnost	Anämie/Blutarmut
anestezija	Anästhesie
anestezist	Anästhesist/-in
aneurizma	Aneurysma
angina/upala krajnika	Angina/Tonsillitis
ankiloza/ukrućivanje	Ankylose/Versteifung
anoreksija	Anorexie
antagonističan	antagonistisch
anteriorna hipofiza/adenohipofiza	Adenohypophyse
antibiotik	Antibiotikum
antidekubitalni madrac	Anti-Dekubitus-Matratze
antidijabetik	Antidiabetikum
antidot	Antidot
antigen	Antigen

antikoagulacija	Antikoagulation
antisepsa	Antisepsis
antiseptički	antiseptisch
antitijelo/protutijelo	Antikörper
anus	Anus
aorta	Aorta/Hauptschlagader
aparat za mjerenje krvnog pritiska/tlakomjer	Blutdruckmessgerät
aparat za mjerenje pritiska	Sphygmomanometer/ Blutdruckmessgerät
aparat/sprava	Gerät
apatija/ravnodušnost	Apathie
apendiks/crvuljak	Appendix vermiformis/ Wurmfortsatz
aplicirati/primijeniti/upotrijebiti	applizieren/anwenden
aplikacija/primjena	Applikation/Anwendung
apneja/prestanak disanja	Apnoe/Atemstillstand
apopleksija/kap/moždani udar	Apoplexie/Schlaganfall
apoteka/ljekarna	Apotheke
apotekar/-ica, ljekarnik/-ica	Apotheker/-in
apsces	Abszess
arterija	Arterie
artritis/artroza	Arthritis/Arthrose
asepsa	Asepsis
aseptičan/bez mikroorganizama/ sterilan	aseptisch/keimfrei
asfiksija	Asphyxie
asimptomatičan	asymptomatisch
askorbinska kiselina	Ascorbinsäure (Vitamin C)
aspiracija	Aspiration
auskultacija/osluškivanje	Auskultation/ Abhören des Körpers
autogeni trening	autogenes Training

B	
babica/primalja	Geburtshelfer/-in, Hebamme
bajpas/mimovod	Bypass
bandaža/zavoj	Bandage
bandažirati	bandagieren
banka krvi	Blutbank
baviti se nečime	(sich) beschäftigen mit
baza lubanje	Schädelbasis
BCG vakcina	BCG-Impfung
bedrena arterija	tiefe A. femoralis
bedrena kost	Oberschenkelknochen
bedrena vena	V. femoralis
bedro	Oberschenkel
bedž sa imenom	Namensschild
benigan/dobroćudan	benigne/gutartig
beri-beri bolest	Beriberi
bez daha	außer Atem
biceps	Bizeps
bijes	Wut
bijesan/ljut	wütend
biomedicinski analitičar	biomedizinische/-r Analytiker/-in
biopsija	Biopsie
biti blijedan/poblijedjeti	blass/bleich (sein/werden)
biti deprimiran	deprimiert sein
biti dobro raspoložen	gut gelaunt sein
biti informisan	informiert werden/sein
biti ljut	verärgert sein
biti loše raspoložen	schlecht gelaunt sein
biti mrzovoljan/neraspoložen	mürrisch sein
biti nesvjestan/u nesvijesti	bewusstlos sein
biti nježan	sanft sein
biti odgovoran	verantwortlich sein

biti olakšan	erleichtert sein
biti postojan	beständig sein
biti pozoran	aufmerksam sein
biti razdražljiv/nervozan	reizbar/nervös sein
biti sretan	glücklich sein
biti svjestan	(bei) Bewusstsein sein
biti uplašen	verängstigt sein
biti van sebe	außer sich sein
biti zabrinut	besorgt sein
biti zapanjen	bestürzt sein
biti zbunjen	verwirrt sein
bjeloočnica	Sklera
blizak rođak	nächster Verwandter
blizanac	Zwilling
boca sa kisikom	Sauerstoffflasche
bockati/svrbjeti	prickeln/kribbeln
bočna kost/crijevna kost	Darmbein/Ilium/Os ilium
bojati se nečega/imati strah od	Angst haben vor
bojažljiv/strašljiv pacijent	ängstlicher Patient
bok	Flanke
bol ne podnositi bol	Schmerz Schmerz nicht ertragen
bolesničko zvono	Rufglocke/Patientenglocke
bolničar/-ka	Sanitäter/-in
bolnička nosila	Krankentrage
bora	Hautfalte
braća i sestre	Geschwister
brada	Kinn
bradavica	1. Brustwarze/Mamilla 2. Warze/Verruca
brahiocefalična vena	V. brachiocephalica
briga	Sorge
brijati se	rasieren

bris	Abstrich
brkanje/zamjena	Verwechslung
brkovi	Schnurrbart
bronhije	Bronchien
bronhitis	Bronchitis
bubna duplja	Paukenhöhle
bubrezi	Nieren
bubrežna insuficijencija	Niereninsuffizienz
bubrežni kamenac	Nierenstein
bubrežnjak	Nierenschale
bubuljica	Pickel
bulimija	Bulimie/Ess-Brech-Sucht
C	
carska vena	V. basilica
carski rez	Kaiserschnitt
cefalična vena	V. cephalica
centar hitne pomoći	Unfall- und Notfallambulanz
centralni	zentral
cerebelum/mali mozak	Cerebellum/Kleinhirn
cerebralni	zerebral
cerebrum/veliki mozak	Cerebrum/Großhirn
cervikalna kragna za vrat	Halskrause/Nackenstütze
cerviks	Zervix
cijanotičan	zyanotisch
cijanoza/modrilo kože i sluznica	Zyanose
cikličan	zyklisch
cilija/treplja	Zilie
cirkulacija	Kreislauf
ciroza	Zirrhose
cista	Zyste
citologija/celularna biologija	Zytologie
cjelovit	holistisch

Cowperova žlijezda	Cowper-Drüse
crijevni	intestinal/den Darm betreffend
crijevo	Darm
crijevo/utroba	Intestinum
crv (Pl. crvi)	Wurm (Pl. Würmer)
crvenilo	Flush/Erröten
crveno krvno tjelešce	rotes Blutkörperchen
Č	
čeljust	Kiefer
čelo	Stirn
čeona šupljina/čeoni sinus	Stirnhöhle
čepić/supozitorij	Zäpfchen/Suppositorium
češalj	Kamm
često	häufig
četka za kosu	Haarbürste
četkica za zube	Zahnbürste
četverokutni pronator	M. pronator quadratus
čir	Furunkel
čir na koži	Hautgeschwür
čitati	lesen
članak na prstu	Fingerglied
čuti	hören
čuvati/zaštititi	schützen
čvor	Knoten/Vergrößerung
Ć	
ćela	Glatze
D	
dah	Atem
dahtati (pri osluškivanju pluća)	hecheln/keuchen (bei Lungenauskultation)

debela osoba	dicke Person
debelo crijevo	Dickdarm
debeo	dick
debridman/čišćenje rane/nekrektomija	Débridement/Wundtoilette/Nekrektomie
defekacija	Defäkation
defibrilator	Defibrillator
degeneracija	Degeneration
dehidracija	Dehydration
dehidrirati	dehydrieren
deka	Decke
dekontaminacija	Dekontamination
dekontaminirati	dekontaminieren
dekstroza	Dextrose
dekubitus	Dekubitus/Druckgeschwür
delirij/bunilo	Delirium
deltoidni mišić	Deltamuskel
demencija	Demenz
depresija	Depression
depresivan	depressiv
dermatitis	Dermatitis
dermatolog	Dermatologe/-in
dermatologija	Dermatologie
dermatoza	Dermatose
dermis/koža	Dermis/Haut
desni	Zahnfleisch
dezinfekcija	Desinfektion
dezinficirati	desinfizieren
difuzan	diffus
difuzija	Diffusion
dijabetes/dijabetis	Diabetes
dijabetičar/-ka	Diabetiker/-in
dijafragma	Diaphragma

dijagnoza	Diagnose
dijaliza/pročišćivanje krvi	Dialyse
dijastola	Diastole
dijeta	Diät
dijete (mn. djeca)	Kind (Pl. Kinder)
dijetolog/-inja	Diätologe/-in
dilatacija/proširenje	Dilatation/Erweiterung
diplomirana medicinska sestra/ diplomirani medicinski tehničar	diplomierte Gesundheits- und Krankenpflegeperson
disanje	Atmung
disati	atmen
dislokacija	Dislokation
dispanzer za igle	Nadelspender
diuretičan	diuretisch/entwässernd
diuretik	Diuretikum
diureza	Diurese
dječja bolest	Kinderkrankheit
dječja paraliza	Poliomyelitis/Kinderlähmung
djetinjstvo	Kindheit
dlan	Handfläche
dnevni centar za njegu ...	Tagespflegezentrum für ...
dodatan	zusätzlich
dojenje	Stillen
dojiti	stillen
dojka	Mamma/Brust
dokumentacija	Dokumentation
dokumentacija o pacijentu	Krankenunterlagen
dokumentirati	dokumentieren
dom za djecu	Kinderheim
dom za invalidna lica	Behindertenwohnheim
dom za njegu starijih lica	Pflegeheim
dom za odgoj djece i mladeži	Wohnheim für junge Erwachsene

dominantan	dominant
donja čeljust	Unterkiefer
donja šuplja vena	V. cava inferior/untere Hohlvene
donja usna	Unterlippe
donji dio trbuha	Unterleib
donji veš	Unterwäsche
dorzalan/leđni	dorsal/rückwärts
dozirani aerosol	Dosieraerosol
dozvoliti	erlauben
drenaža	Drainage
drhtati	zittern
drhtavica	Schüttelfrost
droga	Droge
dušnik	Luftröhre
dvanaesnik	Zwölffingerdarm
dvoglavi bedreni mišić	M. biceps femoris
dvoglavi nadlaktični mišić	M. biceps
dvokrevetna soba	Patientenzimmer für 2 Personen
dvostran	bilateral/beidseitig
DŽ	
džepna svjetiljka	Taschenlampe
džul	Joule
E	
egzacerbacija/pogoršanje	Exazerbation
ehokardiografija/ultrazvuk srca	Echokardiografie
EKG uređaj odvodi vakuumski ekstraktor EKG gel	EKG-Gerät Ableitungen Saugglocke EKG-Gel
ekscizija/hirurško odstranjivanje	Exzision/Wundausschneidung
ekskrement/izmetina	Exkrement

ekspektorant/lijek za olakšavanje iskašljavanja	Expektorantium
ekstrakcija/izlučivanje	Extraktion
ekstremiteti	Extremitäten
ekstrovertiran	extrovertiert
električni jastuk	Heizkissen
električni respirator	Beatmungsgerät
elektroencefalografija (EEG)	Elektroenzephalografie (EEG)
elektrokardiogram (EKG)	Elektrokardiogramm (EKG)
elektroliti	Elektrolyte
eliminacija	Eliminierung/Behebung
eliminacija bola	Schmerzausschaltung
embolija	Embolie
embrio	Embryo
embriopatija	Embryopathie
empatija/uživljavanje	Empathie
empirijski	empirisch
endemija	Endemie
endogen	endogen
endokrinologija	Endokrinologie
endokrinološki	endokrinologisch
endoskop	Endoskop
endoskopija	Endoskopie
enzim	Enzym
eozinofilija	Eosinophilie
epidemija	Epidemie
epiderma	Epidermis/Oberhaut
epiglotis/poklopac grkljana	Epiglottis/Kehldeckel
epikard	Epikard
epilepsija	Epilepsie
ergonomija	Ergonomie
ergoterapija	Ergotherapie
etiologija	Ätiologie

euforija/oduševljenje	Euphorie
Eustahijeva cijev	Eustachi-Röhre
eutanazija	Euthanasie
F	
facijalis/facijalan	facialis/fazial
fakultativan	fakultativ
farmakologija	Pharmakologie
febrilan/grozničav	febril/fiebrig
fetus	Fetus/Fötus
fibrin	Fibrin
fibrinogen	Fibrinogen
fibroza	Fibrose
finalan/terminalan	final/terminal
fitoterapija	Phytotherapie
fiziologija	Physiologie
fiziološki	physiologisch
flaster	Pflaster
fobija	Phobie
fontanela	Fontanelle
fraktura/prijelom kosti	Fraktur/Knochenbruch
fruktoza	Fruktose/Lävulose
fungicid	Fungizid
G	
gangrena	Gangrän
gastritis	Gastritis
gastroskopija	Gastroskopie
gaza	Gaze/Mull
gen	Gen
generaliziran	generalisiert
generički lijek	Generikum

genetski	genetisch
geneza/nastanak	Genese
genitalije/spolni organi	Genitalien/Geschlechtsorgane
gerijatrija	Geriatrie
gerontolog	Gerontologe/-in
gerontologija	Gerontologie
giht/podagra	Gicht
ginekolog	Gynäkologe/-in
ginekologija	Gynäkologie
gips	Gips
gladak	glatt
gladan	hungrig
glasan	laut
glavić penisa	Eichel/Glans
glavna medicinska sestra	Oberschwester
glavobolja	Kopfschmerzen
glazbena viljuška	Stimmgabel
glikogen	Glykogen
gljiva	Pilz
gluh	taub/gehörlos
glukoza	Glukose/Dextrose
gnjev	Zorn
gnoj	Eiter
gnojan	eiternd/eitrig
gnojna rana	eitrige Wunde
gojaznost/adipoznost	Adipositas/Fettleibigkeit
goljenica/golijen	Tibia/Schienbein
goljenična kost	Schienbeinknochen
gornja čeljust	Oberkiefer
gornja šuplja vena	V. cava superior
gornja usna	Oberlippe
govoriti	reden

graviditet/trudnoća	Gravidität/Schwangerschaft
grč	Spasmus/Krampf
grčevit bol	krampfartiger Schmerz
grijanje	Heizung
grkljan/larinks	Kehlkopf/Larynx
grlić materice	Cervix uteri/Gebärmutterhals
grlo	Hals
grlobolja/upala grla	Halsschmerz/Halsentzündung
groznica/vrućica	Fieber
grub/hrapav	rau/uneben
gubitak apetita	Appetitlosigkeit
gubitak epiderme	Verlust der Oberhaut
gubitak sluha	Hörsturz/Hörverlust
gumena rukavica	Gummihandschuh
gušiti se	ersticken
gušiti/daviti	würgen
gušterača	Pankreas
gutati	schlucken
H	
halucinacija	Halluzination
hematokrit	Hämatokrit
hemisfera	Hemisphäre
hemoglobin	Hämoglobin/Blutfarbstoff
hemoroidi	Hämorrhoiden
hepatitis	Hepatitis
hermafrodit	Hermaphrodit
hernija	Hernie
herpes	Herpes
higijena	Hygiene
hiperglikemija/povišen šećer u krvi	Hyperglykämie/Überzucker
hiperkeratoza	Hyperkeratose

hipertermija	Hyperthermie
hipertonija/prenategnutost/ prenapetost	Hypertonie
hipertonus	Hypertonus
hiperventilacija	Hyperventilation
hiperventilirati	hyperventilieren
hipofiza	Hypophyse
hipoglikemija/ nizak nivo šećera u krvi	Hypoglykämie/Unterzucker
hipoksija	Hypoxie
hiropraktičar/-ka	Chiropraktiker/-in
hirurg/-škinja	Chirurg/-in
hirurgija	Chirurgie
hirurška drenaža	chirurgische Drainage
histerektomija/odstranjivanje materice	Hysterektomie
histologija	Histologie
hitna pomoć	Notfallaufnahme
hitna služba	Rettungsdienst
hladan	kühl/kalt
hlor	Chlor
hodalica	Gehgestell/Gehhilfe
hodalica za starije osobe	Rollator
hodnik	Gang
holesterin	Cholesterin
hospic	Hospiz
hramati/šepati	hinken
hrana	Essen
hraniti	Essen verabreichen/füttern
hranjiv	nutritiv/nahrhaft
hrbat jezika	Dorsum/Zungenrücken
hrbat ruke	Handrücken
hripavac	Pertussis/Keuchhusten

hromosom	Chromosom
hroničan/dugotrajan	chronisch
human	human
I	
igla za jednokratnu upotrebu	Einmalnadel
igla za lumbalnu punkciju	Lumbalpunktionsnadel
imati bolove u leđima	Rückenschmerzen haben
imati probleme sa mokrenjem	Schwierigkeiten haben beim Urinieren
imati stolicu	Stuhlgang haben
implantat/usadak	Implantat
impotentan	impotent
imun	immun
imunitet	Immunität
in vitro	in vitro
in vivo	in vivo
incidirati/ubosti/napraviti inciziju	inzidieren
incizija	Inzision
indikator	Indikator
indikatorska traka/test traka	Teststreifen
infarkt	Infarkt
infekcija	Infektion
inferioran/podređen	inferior
inficirana rana	infizierte Wunde
inficirati/zaraziti	infizieren
influenca/gripa	Influenza
informisani pristanak	informierte Einwilligung
informisati	informieren
infuzija	Infusion
infuzijska pumpa/infuzomat	Perfusor/Infusionspumpe
inhalacija	Inhalation
inhalirati	inhalieren

inicijalan	initial
injekcija	Injektion/Spritze
injekcijska igla	Injektionsnadel
inkompatibilan	inkompatibel
inkontinencija	Inkontinenz
inkubator	Inkubator
inspekcija	Inspektion
inspicirati	inspizieren
instrument	Instrument
insuficijencija/nedostatak	Insuffizienz
interdisciplinaran	interdisziplinär
intermitirajući	intermittierend
interna medicina	innere Medizin
internist	Internist/-in
intimna sfera	Intimsphäre
intoksikacija	Intoxikation
intolerancija	Intoleranz/Unverträglichkeit
intolerancija laktoze	Laktoseintoleranz
intracelularan/unutar ćelija	intrazellulär
intramuskularan/unutar mišića	intramuskulär
intravenski	intravenös
introvertiran	introvertiert
intubacija	Intubation
invazivan	inVasiv
inzulin	Insulin
ion	Ion
ireverzibilan/nepovratan	irreversibel
iris/dužica/šarenica	Iris
iscrpljen	erschöpft
isisati	absaugen
iskrivljenje zdjelice	Beckenkrümmung
iskusiti/doživjeti	erfahren/erleben

iskustvo	Erfahrung
ispadanje kose	Haarausfall
ispiranje	Lavage/Spülung
ispirati	spülen/ausspülen
ispričati se/izviniti se	(sich) entschuldigen
ispružač	Extensor/Streckmuskel
istegnuće/uganuće	Zerrung/Verstauchung
izazivati rak/biti kancerogen	kanzerogen/karzinogen sein
izbaciti/eliminirati	ausscheiden/eliminieren
izboran	runzlig
izdahnuti	ausatmen
izjava o suglasnosti	Einverständniserklärung (OP)
izliječiti	heilen
izlučivanje	Ausscheidung
izmet/stolica	Fäkalien
izmjena smjene	Schichtwechsel
izolirati	isolieren
izotoničan rastvor	isotone Lösung
izvesti/izvršiti	durchführen/ausführen
izvijestiti/obavijestiti	berichten
izvinjenje	Entschuldigung
izvršiti samoubistvo	Selbstmord begehen
J	
jačina	Stärke
jagodična kost	Wangenknochen
jajnik	Ovar/Eierstock
jajovod	Eileiter
jajovodna trudnoća	Eileiterschwangerschaft
jak bol	starker Schmerz
jak/ozbiljan	stark/ernst
jastuk/uzglavlje	Kopfkissen

javiti/obavijestiti	benachrichtigen/melden
jedinica za moždani udar	Stroke-Unit
jednjak	Ösophagus/Speiseröhre
jednodnevna hirurgija	Tageschirurgie
jednokratni ...	Einweg-(Produkt)
jednokratni kateter	Einmalkatheter
jednokrevetna soba	Patienteneinzelzimmer
jejunum/prazno crijevo	Jejunum/Leerdarm
jesti	essen
jetra	Leber
jezik	Zunge
jodna otopina	Jodlösung
K	
kandidijaza	Soor
kanila sa kisikom	Sauerstoffkanüle
kanila/medicinska igla	Kanüle/Infusionsnadel
kap	Tropfen
kapati	tropfen
kapilari	Kapillare
kapsula	Kapsel
karantena	Quarantäne
kardijalan/odnosi se na srce	kardial/das Herz betreffend
kardiolog	Kardiologe/-in
kardiologija	Kardiologie
kardioVaskularni	kardioVaskulär
karlični porođaj	Steißgeburt
kašalj	Husten
kašljati	husten
kašnjenje menstruacije	Ausbleiben der Regelblutung
kastracija	Kastration
katabolizam	Katabolismus

kataplazma	Kataplasma
kateter	Katheter
kation	Kation
kauzalan/uzročan	kausal
kičma	Rückgrat/Wirbelsäule
klica	Keim
kliješta	Zange
klimakterij	Klimakterium
klinički	klinisch
klinička smrt	klinischer Tod
kliničko istraživanje	klinische Studie
klinika	Klinik
klitoris	Klitoris
ključna kost	Clavicula/Schlüsselbein
koagulacija/zgrušavanje krvi	Koagulation/Gerinnung
kočiti/potisnuti	hemmen/unterdrücken
kodein	Kodein
kognitivan	kognitiv
kola hitne pomoći	Kranken-/Rettungswagen
kolera	Cholera
koli bakterije	Kolibakterien
količina	Menge
koljeno	Knie
kolonoskopija	Koloskopie
koma	Koma
kompatibilan	kompatibel
kompenzacija	Kompensation
kompresa/oblog	Kompresse
kompresivne čarape	Anti-Thrombose-Strümpfe/ Kompressionsstrümpfe
konstrikcija/sužavanje	Konstriktion
kontaktna leća/sočivo	Kontaktlinse
kontaminacija	Kontamination

kontinencija	Kontinenz
kontracepcija	Antikonzeption/Kontrazeption
kontraceptivno sredstvo	Verhütungsmittel
kontrakcija	Kontraktion
kontuzija/nagnječenje	Prellung
konzistencija/sastav	Konsistenz
kora/krasta	Schorf
koronaran	Koronar
koronarne arterije	Koronargefäße
kortizon	Cortison
kosa	Haar
kosti donožja	Mittelfußknochen
kosti pešća	Handwurzelknochen
kosti zastoplja	Fußwurzelknochen
koža	Haut
koža glave	Kopfhaut
krajnici/mandule/tonzile	Mandeln/Tonsillen
kralježak	Vertebra/Wirbel
kranijalan	Schädel-/kranial
kratki mišić primicač	M. abductor brevis
krhak	spröde
krivina ... lumbalne kralježnice ... prsne kralježnice ... vratne kralježnice	Krümmung ... der Lendenwirbelsäule ... der Brustwirbelsäule ... der Halswirbelsäule
križ	Kreuz
kriza	Krise
križna kost	Os sacrum/Kreuzbein
križobolja	Hexenschuss
krojački metar	Maßband
krojački mišić	Schneidermuskel
krsni (sakralni) pršljenovi	Kreuzwirbel
krstača	Kreuzbein

krv	Blut
krv, kontaminirana nečim	Blut, kontaminiert mit ...
krvarenje u tragovima	Schmierblutung
krvariti	bluten
krvna plazma	Blutplasma
krvna žila	Gefäß
krvni podljev/modrica/hematom	Bluterguss/Hämatom
krvni pritisak/tlak	Blutdruck
krvni serum	Blutserum
krvno bojilo/hemoglobin	Blutfarbstoff/Hämoglobin
krvotok	Blutkreislauf
kućna njega	extramurale Krankenpflege/ häusliche Pflege
kućni/-a bolničar/-ka	Hilfspfleger/-in, Pflegehilfe
kućni/-a liječnik/-ica	Hausarzt/-ärztin
kućno nasilje	häusliche Gewalt
kuk	Hüfte
kumulacija	Kumulation
kupaći ogrtač	Bademantel
kurje oko	Hühnerauge
kVasiti/ovlažiti	anfeuchten
L	
labelo/grožđana mast za usne	Lippenpflegestift
labijalan/odnosi se na usne	labialis/die Lippen betreffend
labirint	Labyrinth
laboratorij	Labor
laboratorijski tehničar	Labortechniker
lakat	Ellbogen
lakatna kost	Elle
laksativ	Laxativ
laktacija	Laktation
laktoza	Laktose

laparoskopija	Laparoskopie
laparotomija	Laparotomie
laringoskop	Laryngoskop
latentan/potajan	latent
lateralan	lateral
lateralni bedreni mišić	M. Vastus lateralis
leća/sočivo	Linse
leđa	Rücken
leđna moždina	Rückenmark
leđni mišić	Rückenmuskel
legastenija	Legasthenie
lepra	Lepra
letalan/smrtan	letal
letargičan	lethargisch
letargija	Lethargie
leukemija	Leukämie
leukociti	Leukozyten
libido	Libido
lice	Facies/Gesicht
lične stvari	Eigentum/persönliche Sachen
ligament	Ligament/Band
liječenje	Heilung
liječenje/tretman/terapija	Behandlung/Therapie
liječiti/tretirati	behandeln
liječnik/-ica specijalist	Facharzt/-ärztin
lijek/lijekovi	Arzneimittel/Medikamente
lijek za povraćanje	Emetikum
lijevi	sinister/sinistra
limfociti	Lymphozyten
linije na dlanu	Handlinien
lipidi	Lipide
lisna kost	Wadenbein

list	Wade
lizalica	Lutscher
logoped	Logopäde/-in
logopedija	Logopädie
lokalizovan	lokalisiert
lokalna anestezija	Lokalanästhesie
lopatica/ramena kost	Schulterblatt
loše vijesti (prenijeti) loše vijesti	schlechte Nachrichten (verkünden)
losion	Lotion
lubanja	Schädel
lubrikant	Gleitmittel
luksacija	Luxation
lumbalna kralježnica	Lendenwirbelsäule
LJ	
ljekar/-ka, liječnik/-ica	Arzt/Ärztin
ljekar/-ka opšte prakse	Allgemeinmediziner/-in, praktische/-r Arzt/Ärztin
ljekarski mantil	Kittel
ljekovit/djelotvoran	kurativ
ljepljiva vrpca	Klebeband
ljutit	zornig
M	
madež	Muttermal
madrac	Matratze
makaze	Schere
makroskopski	makroskopisch
mala skrivena vena	V. saphena parva
malapsorpcija	Malabsorption
mali mozak	Kleinhirn
mali prst	kleiner Finger

maligan/zloćudan	maligne/bösartig
malo dijete	Kleinkind
maloljetnik	Jugendlicher/Halbwüchsiger
mamurluk (biti mamuran)	Kater (einen Kater haben)
manifestan	manifest
manija	Manie
manometar/ sprava za mjerenje pritiska	Manometer
manšeta za mjerenje pritiska/ tlaka	Blutdruckmanschette
manualan	manuell
masivno krvarenje	massive Blutung
mast	Salbe
mastan/uljast	fettig/ölig
materište	Gebärmutterhöhle
maternica/uterus	Uterus/Gebärmutter
međica	Damm
medicina utemeljena na dokazima	evidence-based medicine (EBM)/ evidenzbasierte Medizin
medicinski krevet	verstellbares Krankenbett
medicinski perkusioni-refleksni čekić	Reflexhammer
medicinsko-tehnički asistent	medizinisch-technische/-r Assistent/-in
medijalni bedreni mišić	M. Vastus medialis
medijalni kolateralni ligament	Innenband
medo	Teddybär
međupršljenska fibrozna hrskavica	Discus (intervertebralis)/ Bandscheibe
membrana bubnja/bubnjić	Trommelfell
menarha/prva menstruacija	Menarche
menopauza	Menopause
menstruacija	Menstruation

mentalno poremećen	geistig beeinträchtigt
metabolički	metabolisch
metabolizam	Metabolismus
mialgija/bol u mišiću	Myalgie/Muskelschmerzen
mijenjati	auswechseln
mijenjati (se)	(sich) verändern
mikroorganizmi/mikrobe	Mikroorganismen/Mikroben
mikroskopski	mikroskopisch
miokard/mišićno tkivo srca/ srčani mišić	Myokard/Herzmuskel
miokarditis/upala srčanog mišića	Myokarditis
miom	Myom
miometrij/mišićni sloj materice	Myometrium
miopija/kratkovidnost	Myopie/Kurzsichtigkeit
miran	ruhig
miris	Geruch
mirisati	riechen
mišić mišić pregibač mišići oka mišićni tonus	Muskel Beugemuskel/Flexor Augenmuskeln Muskeltonus
mišljenje/procjena	Meinung
mjehurić na koži	Blase auf der Haut
mjerni cilindar	Messzylinder
mladenački/mladalački	juvenil/jugendlich
mlak	lauwarm
mnogostruko	multipel
mobilizacija	Mobilisation
mobilni aparat za kiseonik	tragbare Sauerstoffversorgung
mokraća/urin	Harn
mokraćna cijev	Urethra/Harnröhre
mokraćni mjehur	Harnblase
mokraćovod/ureter	Ureter/Harnleiter

mokrenje u krevet	Bettnässen
monitoring/nadzor	Monitoring/Überwachung
monosaharidi	Monosaccharide
morfologija	Morphologie
mošnja	Hodensack
mozak	Gehirn/Hirn
moždana opna	Hirnrinde
moždana smrt	Hirntod
moždani udar	Schlaganfall/Apoplexie/Insult
mrežica	Netzhaut
mršav	mager
mršav/tanak	dünn
mrtav	tot
mrtvorođenje	Totgeburt
mučni bol	quälender Schmerz
mučnina (nekome je muka)	Übelkeit (jemandem ist übel)
mudo	Hoden
mukoza/sluzokoža/sluznica	Mukosa/Schleimhaut
muški	maskulin
mutacija	Mutation
mutno (vidjeti)	verschwommen (sehen)
N	
nadbubrežna žlijezda	Glandula suprarenalis/ Nebenniere
nadgledati/provjeravati	überwachen
nadlaktica	Brachium/Oberarm
nadlaktično palčani mišić	M. brachioradialis
nadut/otečen	aufgebläht/aufgeschwollen
najveći stražnjični mišić	großer Gesäßmuskel
nalaz/rezultat	Befund/Ergebnis
namjera	Intention/Absicht
namrgoditi se	die Stirn runzeln

naočale	Brille
napad	Anfall/Attacke
napad bjesnila	Wutanfall
napad bola	Schmerzanfall
napadaj nesvjestice	Ohnmachtsanfall
napetost	Anspannung
napredovati	Fortschritte machen
narkoza	Narkose
nasilje	Gewalt
nasljedan	hereditär/erblich/angeboren
nasljedna bolest	Erbkrankheit
navika	Gewohnheit
nebulajzer	Nebulisator
nedonošče	Frühchen/Frühgeborenes
nedostatak/mana/deficit	Mangel
nefrolog	Nephrologe/-in
nefrologija	Nephrologie
neizlječiv	inkurabel/unheilbar
nekontrolisano uriniranje n. u. kap po kap	unkontrolliertes Urinieren tropfenweiser Urinabgang
nekroza	Nekrose
nelagodnost/slabost	Unwohlsein
nenjegovan	ungepflegt
neonatalan	neonatal
neonatologija	Neonatologie
nepce	Gaumen
neplodnost	Infertilität/Unfruchtbarkeit
nepodnošljiv	unerträglich
nepokretnost	Lähmung
neprihvatljiv	unannehmbar
neprijatan/neugodan	unangenehm
nerazumijevanje	Unverständnis
nesanica	Schlaflosigkeit

nesiguran	unsicher (nicht selbstbewusst)
nesporazum	Missverständnis
neuralgija	Neuralgie
neurohirurg	Neurochirurg/-in
neurolog	Neurologe/-in
neurologija	Neurologie
nezgoda	Unannehmlichkeit
noćna mora	Albtraum
noćna posuda	Bettschüssel/Bettpfanne
noćna stolica	Nachtstuhl
noćni ormarić pacijenta	Nachtkästchen des Patienten
nodus/čvorić	Nodus/Knoten
noga x-noge	Bein X-Beine
nokat	Fingernagel
nokat nožnog prsta	Zehennagel
nonverbalan	nonverbal
nos	Nase
nosila	Trage
nosna kost	Nasenbein
nosna šupljina	Nasenhöhle
nosnica	Nasenloch
nosokomijalna (bolnička) infekcija	nosokomiale Infektion
novorođenče	Neugeborenes
nožni prst	Zehe
nožni zglob	Fußgelenk/Fußknöchel
nukleus	Nucleus
NJ	
nježno dodirnuti	sanft berühren

O	
obavezan	obligatorisch
obli pronator	M. pronator teres
obraz	Wange
obrezati	beschneiden
obrezivanje	Zirkumzision/Beschneidung
obuhvatiti/inkludirati	einschließen/inkludieren
očna jabučica	Augapfel
očna spojnica	Bindehaut
očna šupljina	Orbita
očni kapak	Augenlid
očnjak	Eckzahn
oderati	schürfen
odgovor/povratna veza	Rückmeldung/Feedback
odjel u bolnici	Station im Krankenhaus
odjel za intenzivnu njegu	Intensivstation
odjel za intenzivnu njegu novorođenčadi	Neugeborenen-Intensivstation
odlučiti	entscheiden
odluka	Entscheidung
odmor	Erholung
odobrenje/suglasnost	Einwilligung
odrasli	Erwachsener
odricanje	Karenz (Verzicht auf etwas)
odstraniti/udaljiti	entfernen
odsutan	abwesend
odsutnost	Abwesenheit
oftalmolog	Ophthalmologe/-in
oftalmologija	Ophthalmologie
oftalmoskop/fundoskop	Augenspiegel
ogledalce/spekulum	Spekulum
ogledalo	Spiegel
oguljotina/abrazija kože	Schürfwunde

oko	Auge
okrenuti	drehen/umdrehen
okriviti/optužiti	beschuldigen
okulist	Augenarzt/-ärztin
okultan/skriven	okkult
oligurija/ smanjenje proizvodnje urina	Oligurie
omamljen/pomućen/uzet	benommen
omamljenost/uzetost	Benommenheit
onkologija	Onkologie
O-noge	O-Beine
opasan	gefährlich
opasan po život	lebensbedrohend
operaciona sala	Operationssaal/OP
oplođivanje	Fertilisation/Befruchtung
opseg	Umfang
opstruktivan	obstruktiv
optičar/-ka	Augenoptiker/-in
opustiti se	sich entspannen
oralan	oral
ordinacija	Sprechzimmer
organ	Organ
ormarić	Spind/Schließfach
ortodontski aparat/ zubna proteza	Zahnspange
ortoped	Orthopäde/-in
ortopedija	Orthopädie
osip	Ausschlag
osip na koži	Hautausschlag
osjećati	fühlen
osjetljiv	sensibel/empfindlich
osmolarnost	Osmolarität
osnova	Grundlage

osoban	persönlich
osoblje	Personal/Belegschaft
osoblje za njegu bolesnika/ bolničari/staratelji	Pflegepersonal
oteklina	Geschwulst
oteklina/kvrga	Beule
otorinolaringolog (specijalista za uho-grlo-nos)	Hals-Nasen-Ohren-Arzt/Ärztin
otoskop	Ohrenspiegel/Otoskop
otpust	Entlassung
otpustiti	entlassen
ovulacija	Ovulation/Eisprung
ovulirati	ovulieren
ozbiljan	seriös, ernst
ozdraviti/oporaviti se	genesen/sich erholen
ozdravljenje	Genesung
P	
palac	Daumen
palčana kost	Speiche
palijativan	palliativ
palijativni odjel	Palliativstation
palpabilan/opipljiv	palpabel
palpacija/pipanje	Palpation
pamćenje	Gedächtnis/ Erinnerungsvermögen
pandemija	Pandemie
papirna maramica	Papiertaschentuch
paradoksan	paradox
paradontoza	Parodontose/Paradontitis
paraliza	Paralyse
parametar	Parameter
paraplegija	Paraplegie

parazit	Parasit
parcijalan/djelomičan	partiell
paroksizmalan	paroxysmal
parotidna žlijezda	Parotis/Ohrspeicheldrüse
pasjemenik	Nebenhoden
pasta za zube	Zahnpasta
pasti/srušiti se	stürzen/fallen
patela/iver	Patella/Kniescheibe
patiti	leiden
patofiziologija	Pathophysiologie
patogen	pathogen
patogeneza	Pathogenese
patolog	Pathologe/-in
patologičan	pathologisch
patologija	Pathologie
pazuh	Achsel/Axilla
pazušna vena	V. axillaris
pedijatar	Kinderarzt/-ärztin
pedijatrija	Pädiatrie
pediker/-ka	Fußpfleger/-in
pejsmejker/srčani stimulator	Herzschrittmacher
pekući bol	stechender Schmerz
pelena	Windel
penetracija	Penetration
perforacija	Perforation
perfuzija	Perfusion
periferan	peripher
periferija	Peripherie
perika	Perücke
perikard/srčana maramica	Perikard/Herzbeutel
period inkubacije	Inkubationszeit
peritonitis/upala peritoneuma	Peritonitis/Bauchfellentzündung

perkutan	perkutan
permanentan/stalan	permanent
permanentni urinarni kateter	Blasendauerkatheter
perut	Schuppen
peškir/ručnik	Handtuch
peta	Ferse
pidžama	Schlafanzug
pilula	Pille
pinceta	Pinzette
pjege	Sommersprossen
placenta	Plazenta
plahta	Bettlaken/Leintuch
plazma	Plasma
pljunuti	spucken
plodan	fruchtbar/fertil
plodnost	Fertilität
pluća	Lungen
plućni	pulmonalis/pulmonal/ die Lunge betreffend
pobačaj	Fehlgeburt
poboljšati (se)	(sich) verbessern/besser werden
pobrkati/zamijeniti	verwechseln
podlaktica	Unterarm
podmetač za ležaj	Auflage für die Untersuchungsliege
podsjetiti (nekoga na nešto)	(jemanden an etwas) erinnern
pogrešna funkcija	Dysfunktion/Fehlfunktion
pogrešno razumjeti	missverstehen
pogrudnica	Brustfell
pokosnica	Periost/Knochenhaut
pokretan	mobil
pokretnost	Beweglichkeit
pokušaj samoubistva	Selbstmordversuch

polip	Polyp
politrauma	Polytrauma
pomagati	helfen
pomoć	Hilfe
pomoćno sredstvo	Hilfsmittel
poprečno debelo crijevo	Colon transversum
poremećaj sna	Schlafstörung
poremećaj srčanog ritma	Herzrhythmusstörungen
poriv	Drang
porodilište	Entbindungsklinik/-station
portalna vena	V. portae
poslužavnik	Tablett
poslužavnik za hranu	Essenstablett
posmatranje	Beobachtung
posmatrati	beobachten
pospan	schläfrig
pospanost	Schläfrigkeit
postoperativan	postoperativ
postporođajan	postpartal/post partum
posuda	Behälter
posuda za urin	Urinbehälter/-flasche
potisnuti/zaustavljati	unterdrücken/hemmen
potključna vena	V. subclavia links
potkožan	subkutan
potkožni hematom	subkutaner Bluterguss
potpis	Unterschrift
potpisati	unterschreiben
potreba	Bedürfnis
potres mozga	Gehirnerschütterung
povećan	vergrößert
povišen	erhöht
povišen šećer u krvi	erhöhter Blutzuckerspiegel

povišena temperatura	subfebrile Temperatur
povjerljiv	vertraulich
povoj	Verband
povraćanje	Erbrechen
povraćati	erbrechen
povratna informacija	Feedback/Rückmeldung
povreda	Läsion/Verletzung
površina	Fläche/Oberfläche
površinske moždane vene	Vv. superiores cerebri
površinski	superficialis
prah	Pulver
praktikum	Praktikum
prebroditi/savladati	bewältigen
predložiti	vorschlagen
prednja čašična veza	Kniescheibenband
prednji	anterior
prednji goljenični mišić	M. tibialis anterior
pregib koljena	Kniekehle
pregled	Untersuchung
pregledati	untersuchen
prekomjerna težina	Übergewicht
prekomjerno povraćanje u trudnoći	Hyperemesis gravidarum/ extreme Schwangerschafts-übelkeit
prenositelj	Überträger/Transmitter
preoperativni	präoperativ
prepona	Leiste
prepucij	Vorhaut
prestanak dojenja/ablaktacija	Abstillen
presvlaka za madrac	Matratzenschoner
pretporođajni	pränatal
prevencija/sprječavanje	Prävention
preventiva	Vorbeugung/Prävention

preventivan	präventiv
preventivni zdravstveni pregled	Vorsorgeuntersuchung
prevodilac, tumač/-ica	Dolmetscher/-in
prevoz pacijenata	Krankenbeförderung
prijelom kosti	Knochenbruch
priključak za dovod kiseonika	Sauerstoffanschluss
prilagoditi (se)	(sich) anpassen
primaljstvo	Geburtshilfe
primaran	primär
primijeniti/upotrijebiti/aplicirati	anwenden/applizieren
pristup	Einstellung
pritisak/tlak	Druck
pritiskati/tlačiti	pressen
privatna sfera	Privatsphäre
privremen	temporär
proba mokraće	Urinprobe
probava	Verdauung
probaviti	verdauen
probuditi se	aufwachen
procedura	Prozedur
proces	Prozess
procijeniti	bewerten
pročišćavati	reinigen
procjena	Bewertung/Einschätzung
produžena moždina	Medulla oblongata/ verlängertes Mark
profilaksa	Prophylaxie
profilaktičan	prophylaktisch
prognoza	Prognose
prokrvljenost	Durchblutung
proktolog	Proktologe/-in
proktologija	Proktologie
prolazan	transitorisch

proliv	Durchfall
promijeniti	ändern
promjer/dijametar	Durchmesser/Diameter
promukao	heiser
propisati	verschreiben
propusnica	Ausweis
proširene vene	Varizen/Krampfadern
proširenje	Erweiterung
proširenje krvnih sudova	Vasodilatation/ Gefäßerweiterung
proširenje/rasprostiranje	Verbreitung/Ausbreitung
prostata/predstojna žlijezda	Prostata/Vorsteherdrüse
prostorija za bebe	Säuglingszimmer
prostorija za njegu bolesnika	Pflegeraum
prostorija za pacijente	Patientenaufenthaltsraum
prostorija za pregled	Untersuchungsraum
prostorija za tretman	Behandlungszimmer
protein	Protein
proteza za nogu	Beinprothese
proteza/implantat	Prothese/Implantat
prsa/grudi	Brust
prsna kost	Sternum/Brustbein
prsni koš/toraks	Thorax/Brustkorb
prsni kralježak	Brustwirbel
Prsnoključnosisasti mišić	M. sternocleidomastoideus
prst	Finger
prstenjak	Ringfinger
prva pomoć	Erste Hilfe
psiha	Psyche
psihijatar	Psychiater/-in
psihijatrija	Psychiatrie
psiholog	Psychologe/-in
psihologija	Psychologie

psihoterapeut/-kinja	Psychotherapeut/-in
psihoza	Psychose
pubertet	Pubertät
puls	Puls(-schlag)
pulsirajući bol	pulsierender Schmerz
pumpa za dojenje	Brustpumpe
punkcija	Punktion
pupak	Nabel
purulencija/gnojenje	Purulenz/Eiterbildung
pustula/prištić/bubuljica	Pustel
puž	Schnecke
puzati	krabbeln
R	
radijalni pregibač zapešća	radialer Handbeuger
radiolog	Radiologe/-in
radiologija	Radiologie
rak	Krebs
rame	Schulter
ramena kost	Humerus/Oberarmknochen
rana mobilizacija	Frühmobilisation
rana od reza	Schnittwunde
ranije bolesti	frühere Krankheiten
rascjep nepca	Gaumenspalte
raspoloženje	Laune
rast	Wachstum
rasti	wachsen
rastvoriti	auflösen
ravni bedreni mišić	M. rectus femoris
ravno stopalo	Plattfuß (Pl. Plattfüße)
razderotina	Platzwunde
razlog	Grund

razuman/razborit	vernünftig
razvoj	Entwicklung
reagovati na lijek ili na liječenje	reagieren auf ein Medikament oder eine Behandlung
reakcioni inhibitor	Inhibitor
reanimacija	Reanimation
reanimirati	reanimieren
rebreni mišić	Rippenmuskel
recept	Rezept/Verordnung
receptor	Rezeptor
recidiv	Rezidiv
recidivan	rezidivierend
refleks davljenja	Würgereflex
regresija	Rückbildung
rehabilitacija/oporavak	Rehabilitation/Reha
rekonvalescencija	Rekonvaleszenz
rektalan	rektal
rektoskop	Rektoskop
rektoskopija	Rektoskopie
rektum/ravno crijevo	Rektum
relaksacija	Relaxierung/Relaxation
relaksant	Relaxans
relevantan/značajan	relevant/bedeutend
renalan/bubrežni	renal
rendgenska slika	Röntgenbild
rendgenska zraka	Röntgenstrahl
resorpcija	Resorption
respiracijski/dišni/disajni	respiratorisch
retencija/zadržavanje	Retention
reverzibilan/povrativ	reversibel
rezistencija/otpornost	Resistenz
rezultat/nalaz	Ergebnis/Befund
ribati/trljati	reiben

rist	Fußgewölbe
rizik za nastanak dekubitusa	Dekubitusrisiko
rođenje	Geburt
roditeljski dopust	Karenz (Mutterschaftsurlaub)
roditi	gebären/zur Welt bringen
rožnata koža	Cornea/Hornhaut
rubeola	Rubeola/Röteln
ručni zglob	Handgelenk
ruka	Hand
ruka/nadlaktica (brachium)	Arm/Oberarm/Brachium
rukavica	Handschuh
ruptura	Ruptur
S	
sahrana	Beerdigung/Begräbnis
samosakaćenje	Selbstverstümmelung
samoubistvo	Suizid/Selbstmord
saosjećaj	Mitgefühl
saučešće	Beileid
saznati	erfahren
seboreja	Seborrhö
sediment	Sediment
sedirati	sedieren
sekcija	Sektion
sekrecija	Sekretion
sekret/izlučevina	Sekret
seksualan	sexuell
sekundarni	sekundär
senilan	senil/altersschwach
sepsa	Sepsis
serum	Serum
sestrinstvo utemeljeno na dokazima	evidence-based nursing (EBN)

set/kofer za reanimaciju	Notfallset
shizofrenija	Schizophrenie
sifilis	Syphilis
sigmoidno debelo crijevo	Colon sigmoideum
signifikantan	signifikant
sijamski blizanci	siamesische Zwillinge
silazno debelo crijevo	Colon descendens
silovanje	Vergewaltigung
silovati	vergewaltigen
simbioza	Symbiose
simfiza	Symphyse
simfiza pubičnih (stidnih) kostiju	Symphysis pubica
simptom	Symptom
simptomatska terapija	symptomatische Behandlung
simulacija	Simulation
simultan	simultan
sindrom	Syndrom
sinergetičan	synergetisch
sinergija	Synergie
sinkopa	Synkope
sinteza	Synthese
sirup	Sirup
sisanje palca	Daumenlutschen
sistola	Systole
sjećanje	Erinnerung
sjećati se	(sich) erinnern
sjekutić	Schneidezahn
sjemenik	Orchis
skalpel/hirurški nožić	Skalpell
skelet	Skelett
skidanje konaca	Fadenentfernung
sklupčati (se)	(sich) zusammenrollen

skočni zglob	Sprunggelenk
skolioza	Skoliose
skorbut	Skorbut
skrotum/mošnja	Skrotum/Hodensack
slijep	blind
slijepa pjega	blinder Fleck
slijepo crijevo	Blinddarm
slina/pljuvačka	Saliva/Speichel
sljepoća	Blindheit
sljepoočna kost	Os temporale
sljepoočnica	Schläfe
slomiti	brechen
sluh	Gehör
slušne koščice čekić, nakovanj, stremen	Gehörknöchelchen Hammer, Amboss, Steigbügel
slušni aparat	Hörgerät
slušni kanal	Gehörgang
slušni živac	Gehörnerv
služba za kućnu njegu	Heimpflegedienst
sluznica materice	Gebärmutterschleimhaut
smanjiti	senken
smetati	stören
smetnja vida	Sehstörung
smjena	Schicht
smršati	Gewicht abnehmen
smršati/oslabiti	abnehmen
smrt	Tod
smrtna doza	letale Dosis
snaći se	zurechtkommen
snimiti	aufzeichnen
snimiti rendgenom	röntgen
snošaj	Geschlechtsverkehr

soba za 3 do 6 osoba	Patientenzimmer für 3 bis 6 Personen
soba za buđenje	Aufwachraum
socijalna pomoć	Sozialhilfe
socijalni radnik	Sozialarbeiter/-in
solitaran	solitär
somatski	somatisch
somnolencija	Somnolenz
sonda	Sonde
sonda sa kisikom	Sauerstoffsonde
sonografija	Sonografie/Sono
spastičan	spastisch
spatula	Zungenspatel
spatula/lopatica	Spatel
spavaćica	Nachthemd
spavati	schlafen
sperma	Sperma
spinalan	spinal
spirala	Spirale
splasnuti	abschwellen
splet	Plexus
spolni organ	Geschlechtsteil/Genital
spongioza	Spongiosa
spontan	spontan
spontano izlječenje	Spontanheilung
sposobnost	Fähigkeit
sposobnost uživljavanja	Einfühlungsvermögen
sprečavanje začeća/ kontracepcija	Empfängnisverhütung
spriječiti	verhindern/vorbeugen
spužva	Schwamm
spužVasto tkivo	Schwellkörper
srastanje	Verwachsung

srčani zalistak	Valva/Herzklappe
srčanica	Herzbeutel
srce	Herz
srednji prst	Mittelfinger
srednji stražnjični mišić	mittlerer Gesäßmuskel
sredstvo za čišćenje crijeva	Abführmittel
sredstvo za rastvaranje sluzi	schleimlösendes Mittel
sredstvo za umirenje	Sedativum
stabilno stajati na nogama	auf festen Beinen stehen
staklovina	Glaskörper
starački dom	Altersheim/ Seniorenheim, -residenz
starački slab/senilan	altersschwach/senil
staratelj	Vormund
status	Status
stepen	Grad
sterilan	steril
sterilizirati	sterilisieren
stetoskop zvono, dijafragma, crijevo, naušnica	Stethoskop Glocke, Membran, Gummischlauch, Hörteil
stezaljka	Klemme
stidljiv	schüchtern
stidna dlaka	Schambehaarung
stidna kost	Schambein
stidna usna	Schamlippen
stidni brežuljak	Schamberg
stidni most	Schambeinfuge
sto za pregled	Untersuchungstisch
sto za previjanje bebe	Babywickeltisch
stolić	Beistelltisch
stolica	Stuhl
stolica za kadu	Badewannensitz

stoma	Stomabeutel/Stomasack
stopalo	Fuß (Pl. Füße)
strabizam/razrokost	Strabismus/Schielen
strah	Angst/Furcht
stražnjica/trtica	Gesäß/Steiß
struk	Taille
stupor/polusvjesno stanje	Stupor/starke Benommenheit
sublingvalan/podjezičan	sublingual
suh	trocken
sumnjiv	suspekt
sunčana opeklina	Sonnenbrand
superioran	superior
supresija	Suppression
supstitucija	Substitution
supstituirati/zamijeniti	substituieren
suzdržavati	zurückhalten/festhalten
suzni kanal	Tränenkanal
svijest	Bewusstsein
svjestan/pri svijesti	bei Bewusstsein
svrbež	Juckreiz/Pruritus
svrbiti	jucken
Š	
šaputati	flüstern
šarlah	Scarlatina/Scharlach
šav	Naht
široki listoliki mišić	M. soleus
škakljiv	heikel
škiljiti/zrikati	schielen
štaka	Krücke
šteta/kvar	Schaden
štetiti	schaden

štipati	zwicken
štitna žlijezda/štitnjača	Schilddrüse
štucanje/štucavica	Schluckauf
šum na srcu	Herzgeräusch
T	
taban	Fußsohle
tablet	Tablette
tahiaritmija	Tachyarrhythmie
tahikardija	Tachykardie
taktilan	taktil
tanko crijevo	Dünndarm
tečnost	Flüssigkeit
temperaturna krivulja	Fieberkurve
terapeut/-kinja	Therapeut/-in
terapeutski	therapeutisch
terapija	Therapie
teratogene supstance	teratogene Substanzen
terminalan	terminal
termometar	Thermometer
teška bolest	schwere Krankheit
testosteron	Testosteron
tetanus	Tetanus
tetiva/žila	Sehne
tetraplegija	Tetraplegie
težina	Gewicht
tiamin/vitamin B1	Thiamin/Vitamin B1
ticati se	betreffen
tireoidna/štitna žlijezda	Thyreoidea/Schilddrüse
tiroidna hrskavica	Schildknorpel
toaleta	Toilette
toaletna šolja	Toilettenstuhl

toksičan	toxisch
toksikologija	Toxikologie
tonus	Tonus
tonzilitis/upala krajnika	Tonsillitis
totalan	total
traheotomija	Tracheotomie
trajni kateter	Dauerkatheter
transfuzija	Transfusion
transpiracija	Transpiration
transplantacija	Transplantation
trapez s trokutom	Aufrichter/Trapez
trapezni mišić	Trapezmuskel/Trapezius
trauma	Trauma
traumatičan	traumatisch
trbušasti mišić lista	M. gastrocnemius
trbušna aorta	Aorta abdominalis/ Bauchschlagader
trepavica	Wimper
treptati/namignuti	zwinkern/blinzeln
trijezan	nüchtern
troglavi nadlaktični mišić	Trizeps
trombociti/krvne pločice	Thrombozyten/Blutplättchen
trombocitoza	Thrombozytose
tromboza	Thrombose
trtična kost	Steißbein
trudna	schwanger
trudnoća	Schwangerschaft
trudovi/porođajni grčevi/ porođajne muke	Wehen
tubarna trudnoća	Tubargravidität/ Eileiterschwangerschaft
tuberkuloza	Tuberkulose
tuga/žalost	Trauer

tumor/izraslina	Tumor/Gewächs
tupfer/upijač	Tupfer
tupi bol	dumpfer Schmerz
tuširati se	duschen
tvrda hrana	feste Nahrung
tvrdo nepce	harter Gaumen
U	
u stomaku	Magengegend/Bauchgegend
ublažavati bol	lindern
ublažiti/smanjiti (bol)	mindern
ublažujući bol	schmerzstillend/analgetisch
ubod (insekta)	Stich (Insekten-)
udahnuti	einatmen
udebljati se	Gewicht zunehmen
udes/sudar	Unfall
udlaga za nogu	Beinschiene
uganuti	verstauchen
ugnježđenje/nidacija	Einnistung/Nidation
ugojenost	Fettleibigkeit
ugristi	beißen
ugrožen	unsicher, gefährdet (Zustand)
ugroženost/opasan po život	Gefährdung/lebensbedrohend
ugrušak krvi	Thrombus/Blutgerinnsel
uho	Ohr
uklanjanje/eliminacija	Behebung/Eliminierung
ukrućenje	Versteifung
uložak	Damenbinde
uložak pri inkontinenciji	Inkontinenzvorlage
umivaonik	Waschbecken
umor/iscrpljenost	Fatigue/Erschöpfung
umrijeti	sterben

unutarnja vratna vena	V. interna jugularis
unutrašnja bočna vena	V. iliaca interna
upala	Entzündung
upala jetre	Leberentzündung
upala mokraćnog mjehura	Blasenentzündung
upala pluća	Lungenentzündung
upala uha	Ohrenentzündung/Otitis
uputiti pacijenta	(einen) Patienten überweisen
ured za zdravstvo	Gesundheitsbehörde
urez	Einschnitt
urin/mokraća	Urin
urinirati/mokriti	urinieren
urođena mana/ urođena deformacija	angeborene Missbildung
urolog	Urologe/-in
urologija	Urologie
urometar	Urometer
uš/vaška (mn. uši/vaške)	Laus (Pl. Läuse)
usisati	absorbieren/einsaugen
ušna resica	Ohrläppchen
ušna školjka	Ohrmuschel
usna šupljina	Rachen/Rachenhöhle
usni kut	Mundwinkel
ušni termometar	Ohrthermometer
usta	Mund
utrljati	einreiben
utrnuo	gefühllos/taub
uvesti/uložiti	einführen/einlegen
uzak/tijesan	eng
uzlazno debelo crijevo	Colon ascendens/ aufsteigender Dickdarm
uzrok	Ursache
uzvisina malog prsta	Kleinfingerballen

V	
vaga	Waage
vagina	Vagina/Scheide
vaginalni sekret	Scheidenausfluss
vakcina/cjepivo	Vakzin/Impfstoff
vakcinacija/cijepljenje	Vakzination/Impfung
vakcinisati/cijepiti	impfen
valung	Hitzewallung
vanjska bočna vena	V. iliaca externa
vanjski čmarni mišić podizač	Sphinkter
vanjski ligament	Außenband
varičela/vodene kozice/ ovčije boginje	Varizellen/Windpocken
variola/boginje	Variola/Pocken
Vaskularni	Vaskulär
Vasokonstrikcija/ sužavanje krvnih sudova	Vasokonstriktion/ Gefäßverengung
vateni štapići	Wattestäbchen
velika potkožna vena	V. saphena magna
veliki mozak	Großhirn/Cerebrum
veliki obli mišić	M. teres major
veliki prsni mišić	großer Pectoralis
vena	Vena [V.]
vena sinus rectus	Vena sinus rectus
verbalan	verbal
vertigo/vrtoglavica	Vertigo/Schwindel
vid/jakost vida	Sehkraft/Sehvermögen
vidni živac	Sehnerv
vigilancija	Vigilanz
virulencija/zaraznost	Virulenz
virusni	viral
višak kolesterola	Hypercholesterinämie
viskoznost	Viskosität

vizita	Visite
vjera	Glaube
vjerovati	glauben
vjerovatni termin porođaja	errechneter Geburtstermin
vještina/spretnost	Fertigkeit
vlažan	feucht
voćni šećer	Lävulose/Fruchtzucker
voda	Wasser
vrat bedrene kosti	Collum femoris/ Oberschenkelhals
vrat/zatiljak	Nacken
vratna kralježnica vratni kralježak	Halswirbelsäule Halswirbel
vratna vena	V. jugularis
vrtoglavica	Schwindel
vulva/stidnica	Vulva
Z	
zaboravan	vergesslich
zaboraviti	vergessen
začeće	Empfängnis
zacijeljen	vernarbt
zacijeljeti/zarasti	vernarben
zadnji mozak	Hinterhirn
zadržavanje mokraće	Harnretention
zahtjev/uvjet	Anforderung
zajednička bočna vena	V. iliaca communis
zakoljena vena	V. poplitea
zamijeniti	ersetzen
zamjena za majčino mlijeko	Muttermilchersatz
zamršenje crijeva	Darmverschluss/Ileus
zarazan	ansteckend/kontagiös/infektiös
zarazna bolest	Infektionskrankheit

zastrašujući	beängstigend
zatiljna kost	Hinterhauptbein
zatvor stolice	Verstopfung/Obstipation
zavisan od/ovisan o	abhängig von/süchtig nach
zavisnost/ovisnost	Abhängigkeit/Sucht
zažmuriti	Augen zusammenkneifen
zbrinjavanje igle	Nadelbeseitigung
zbrinjavanje otpada	Abfallentsorgung
zdjelica/pelvis	Becken/Pelvis
zdjelična kost	Os coxae/Beckenknochen
zdrav	gesund
zdravlje	Gesundheit
zdravstvena knjižica/ zdravstvena iskaznica	Versicherungskarte/E-Card
zdravstveni rizik	Gesundheitsrisiko
zglob	Gelenk
zglob na prstu	Fingerknöchel
zgrčeno stopalo	Klumpfuß
zgrušavanje krvi	Blutgerinnung
zigot	Zygote
zijevati	gähnen
zjenica	Pupille
zloupotreba	Missbrauch
zloupotrijebiti	missbrauchen
značajan	bedeutend
znoj	Sudor/Schweiß
znojiti se	schwitzen
znojna žlijezda	Schweißdrüse
zubar/-ka	Zahnarzt/-ärztin
zubni karijes	Karies
zubobolja	Zahnschmerz
zujanje u ušima	Ohrgeräusche

Ž	
žareći žareće probadanje	brennend brennender Stich
žedan	durstig
želučana sluznica	Magenschleimhaut
želudac	Magen
ženski	feminin/weiblich
židak/tečan	flüssig
živ	lebend
živac	Nervus [N.]
živac lica/facijalni živac	N. facialis
živac lutalac/ pneumogastrični živac	N. vagus
živahan	lebendig/voller Lebensenergie
živjeti	leben
život	Leben
žlijezda	Drüse
žuč	Galle
žučni mjehur	Gallenblase
žvakati	kauen

Begriffstabelle Deutsch – Bosnisch/Kroatisch/Serbisch

A	
Abdomen/Bauch	abdomen/trbuh
abdominal/abdominell	abdominalan
Abdominalgravidität/ Bauchhöhlenschwangerschaft	abdominalna trudnoća
Abduktor	abduktor/mišić odmicač
Abfallentsorgung	zbrinjavanje otpada
Abführmittel	sredstvo za čišćenje crijeva
abhängig von/süchtig nach	zavisan od/ovisan o
Abhängigkeit/Sucht	zavisnost/ovisnost
abnehmen	smršati/oslabiti
Abortus/Abtreibung	abortus/prekid trudnoće
absaugen	isisati
abschwellen	splasnuti
absorbieren/einsaugen	usisati
Abstillen	prestanak dojenja/ablaktacija
Abstrich	bris
Abszess	apsces
abtreiben	abortirati/pobaciti
abwesend	odsutan
Abwesenheit	odsutnost
Achsel/Axilla	pazuh
Adaptation/Anpassung	adaptacija/prilagođivanje
adäquat/angemessen	adekvatan
Adenohypophyse	anteriorna hipofiza/ adenohipofiza
adipös/fettleibig	adipozan/gojazan
Adipositas/Fettleibigkeit	adipoznost/gojaznost
Aerosol	aerosol
Agglutination	aglutinacija/sljepljivanje

akut	akutan
Albinismus	albinizam
Albtraum	noćna mora
Albumin	albumin/bjelančevina
alkalisch/basisch	alkalijski/lužnat
Allergen	alergen
Allergie	alergija
allergisch	alergičan
Allgemeinmediziner/-in	ljekar/-ka opšte prakse
Altersheim	starački dom
altersschwach/senil	starački slab/senilan
Alveolen	alveole
Ambu-Beutel	ambu vrećica (za umjetno disanje)
Ambulanz/Spital	ambulanta/bolnica
Amnesie	amnezija/gubitak pamćenja
Amnioskopie	amnioskopija
Amniozentese/ Fruchtwasseruntersuchung	amniocenteza
Ampulle	ampula
Amputation/Ablation	amputacija/ablacija
Anabolismus	anabolizam
anaerob	anaeroban/bez kisika
anal	analni
Analgesie	analgezija/bezbolnost
Analgetikum	analgetik
analgetisch/schmerzstillend	analgetički/ublažujući bol
analog	analogan
Analyse	analiza
Anämie/Blutarmut	anemija/malokrvnost/ slabokrvnost
anämisch	anemičan/malokrvan/slabokrvan
Anamnese	anamneza

anaphylaktischer Schock	anafilaktički šok
Anästhesie	anestezija
Anästhesist/-in	anestezist
Anatomie	anatomija
ändern	promijeniti
Aneurysma	aneurizma
Anfall/Attacke	napad
anfeuchten	kVasiti/ovlažiti
Anforderung	zahtjev/uvjet
angeborene Missbildung	urođena mana/ urođena deformacija
angemessen/adäquat	adekvatno (Adv.)
Angina/Tonsillitis	angina/upala krajnika
Angst/Furcht	strah
Angst haben vor	bojati se nečega/imati strah od
ängstlicher Patient	bojažljiv/strašljiv pacijent
Ankylose/Versteifung	ankiloza/ukrućivanje
Anorexie	anoreksija
(sich) anpassen	prilagoditi (se)
Anpassung/Adaptation	adaptacija/prilagođivanje
Anspannung	napetost
ansteckend/kontagiös	zarazan
antagonistisch	antagonističan
anterior	prednji
Antibiotikum	antibiotik
Anti-Dekubitus-Matratze	antidekubitalni madrac
Antidiabetikum	antidijabetik
Antidot	antidot
Antigen	antigen
Antikoagulation	antikoagulacija
Antikonzeption/Kontrazeption	kontracepcija
Antikörper	antitijelo/protutijelo
Antisepsis	antisepsa

antiseptisch	antiseptički
Anti-Thrombose-Strümpfe/ Kompressionsstrümpfe	kompresivne čarape
Anus	anus
anwenden/applizieren	primijeniti/upotrijebiti/aplicirati
Aorta abdominalis/ Bauchschlagader	trbušna aorta
Aorta/Hauptschlagader	aorta
Apathie	apatija/ravnodušnost
Apnoe/Atemstillstand	apneja/prestanak disanja
Apoplexie/Schlaganfall	apopleksija/kap/moždani udar
Apotheke	apoteka/ljekarna
Apotheker/-in	apotekar/-ica, ljekarnik/-ica
Appendix vermiformis/ Wurmfortsatz	apendiks/crvuljak
Appetitlosigkeit	gubitak apetita
Applikation/Anwendung	aplikacija/primjena
applizieren/anwenden	aplicirati/primijeniti/upotrijebiti
Arm/Oberarm/Brachium	ruka/nadlaktica (brachium)
Arterie	arterija
Arthritis/Arthrose	artritis/artroza
Arzneimittel/Medikament	lijek
Arzt/Ärztin	ljekar/-ka, liječnik/-ica
Arztpraxis	ambulanta/liječnička ordinacija
Ascorbinsäure (Vitamin C)	askorbinska kiselina
Asepsis	asepsa
aseptisch/keimfrei	aseptičan/sterilan
Asphyxie	asfiksija
Aspiration	aspiracija
asymptomatisch	asimptomatičan
Atem/Atmung	dah/disanje
Ätiologie	etiologija
atmen	disati

auf festen Beinen stehen	stabilno stajati na nogama
aufgebläht/aufgeschwollen	nadut/otečen
Auflage für die Untersuchungsliege	podmetač za ležaj
auflösen	rastvoriti
aufmerksam sein	biti pozoran
Aufrichter/Trapez	trapez s trokutom
aufsteigender Dickdarm	uzlazno debelo crijevo
aufwachen	probuditi se
Aufwachraum	soba za buđenje
aufzeichnen	snimiti
Augapfel	očna jabučica
Auge	oko
Augen zusammenkneifen	zažmuriti
Augenarzt/-ärztin	okulist
Augenlid	očni kapak
Augenmuskeln	mišići oka
Augenoptiker/-in	optičar/-ka
Augenspiegel	oftalmoskop/fundoskop
ausatmen	izdahnuti
Ausbleiben der Regelblutung	kašnjenje menstruacije
ausführen/durchführen	izvršiti/provesti
Auskultation/Abhören des Körpers	auskultacija/osluškivanje
ausscheiden/eliminieren	izbaciti/eliminirati
Ausscheidung	izlučivanje
Ausschlag	osip
Außenband	vanjski ligament
außer Atem	bez daha
außer sich sein	biti van sebe
ausspülen	ispirati
auswechseln	mijenjati
Ausweis	propusnica
autogenes Training	autogeni trening

B	
Babywickeltisch	sto za previjanje bebe
Bademantel	kupaći ogrtač
Badewannensitz	stolica za kadu
Bandage	bandaža/zavoj
bandagieren	bandažirati
BCG-Impfung	BCG vakcina
beängstigend	zastrašujući
Beatmungsgerät	električni respirator
Becken/Pelvis	zdjelica/pelvis
Beckenknochen	zdjelična kost
Beckenkrümmung	iskrivljenje zdjelice
bedeutend	značajan
Bedürfnis	potreba
Beerdigung/Begräbnis	sahrana
Befund/Ergebnis	nalaz/rezultat
Behälter	posuda
behandeln	liječiti/tretirati
Behandlung/Therapie	liječenje/tretman/terapija
Behandlungszimmer	prostorija za tretman
Behebung/Eliminierung	uklanjanje/eliminacija
Behindertenwohnheim	dom za invalidna lica
bei Bewusstsein	svjestan/pri svijesti
Beileid	saučešće
Bein	noga
Beinprothese	proteza za nogu
Beinschiene	udlaga za nogu
beißen	ugristi
Beistelltisch	stolić
benachrichtigen/melden	javiti/obavijestiti
benigne/gutartig	benigan/dobroćudan
benommen	omamljen/pomućen/uzet

Benommenheit	omamljenost/uzetost
beobachten	posmatrati
Beobachtung	posmatranje
Beriberi	beri-beri bolest
berichten	izvijestiti/obavijestiti
(sich) beschäftigen mit	baviti se nečime
beschneiden	obrezati
Beschneidung	obrezivanje
beschuldigen	okriviti/optužiti
besorgt sein	biti zabrinut
besser werden	poboljšati se
beständig sein	biti postojan
bestürzt sein	biti zapanjen
betreffen	ticati se
Bettlaken/Leintuch	plahta
Bettnässen	mokrenje u krevet
Bettschüssel/Bettpfanne	noćna posuda
Beugemuskel/Flexor	mišić pregibač
Beule	oteklina/kvrga
bewältigen	prebroditi/savladati
Beweglichkeit	pokretnost
bewerten	procijeniti
Bewertung	procjena
(bei) Bewusstsein sein	biti svjestan
bewusstlos sein	biti nesvjestan/u nesvijesti
Bewusstsein	svijest
bilateral/beidseitig	dvostran
Bindehaut	očna spojnica
biomedizinischer Analytiker	biomedicinski analitičar
Biopsie	biopsija
Bizeps	biceps
Blase/Harnblase	mokraćni mjehur

Blase (auf der Haut)	mjehurić na koži
Blasenentzündung	upala mokraćnog mjehura
Blasendauerkatheter	permanentni urinarni kateter
blass/bleich (sein/werden)	biti blijedan/poblijedjeti
blind	slijep
Blinddarm	slijepo crijevo
blinder Fleck	slijepa pjega
Blindheit	sljepoća
blinzeln/zwinkern	trepnuti
Blut	krv
Blut, kontaminiert mit ...	krv, kontaminirana nečim
Blutbank	banka krvi
Blutdruck	krvni pritisak/tlak
Blutdruckmanschette	manšeta za mjerenje pritiska/ tlaka
Blutdruckmessgerät	aparat za mjerenje krvnog pritiska/tlakomjer
bluten	krvariti
Bluterguss/Hämatom	krvni podljev/modrica/hematom
Blutfarbstoff/Hämoglobin	krvno bojilo/hemoglobin
Blutgerinnsel	ugrušak krvi
Blutgerinnung	zgrušavanje krvi
Blutkreislauf	krvotok
Blutplasma	krvna plazma
Blutplättchen/Thrombozyten	trombociti
Blutprobe	analiza krvi
Blutserum	krvni serum
Brachium/Oberarm	nadlaktica
brechen	slomiti
brennend	žareći
brennender Stich	žareće probadanje
Brille	naočale
Bronchien	bronhije

Bronchitis	bronhitis
Brust	prsa/grudi
Brustbein/Sternum	prsna kost
Brustfell	pogrudnica
Brustkorb/Thorax	prsni koš/toraks
Brustpumpe	pumpa za dojenje
Brustwarze/Mamilla	bradavica
Brustwirbel	prsni kralježak
Bulimie/Ess-Brech-Sucht	bulimija
Bypass	bajpas/mimovod
C	
Cerebellum/Kleinhirn	cerebelum/mali mozak
cerebral	cerebralan
Cerebrum/Großhirn	cerebrum/veliki mozak
Cervix uteri/Zervix	grlić materice
Chiropraktiker/-in	hiropraktičar/-ka
Chirurg/-in	hirurg/-škinja
Chirurgie	hirurgija
chirurgische Drainage	hirurška drenaža
Chlor	hlor
Cholera	kolera
Cholesterin	holesterin
Chromosom	hromosom
chronisch	hroničan/dugotrajan
Clavicula/Schlüsselbein	ključna kost
Collum femoris/ Oberschenkelhals	vrat bedrene kosti
Colon C. ascendens C. descendens C. sigmoideum C. transversum	crijevo uzlazno debelo c. silazno debelo c. sigmoidno debelo c. poprečno debelo c.

Cornea/Hornhaut	rožnata koža
Cortison	kortizon
Cowper-Drüse	Cowperova žlijezda
D	
Damenbinde	uložak
Damm	međica
Darm	crijevo
Darmbein/Ilium/Os ilium	bočna kost/crijevna kost
Darmverschluss/Ileus	zamršenje crijeva
Dauerkatheter	trajni kateter
Daumen	palac
Daumenlutschen	sisanje palca
Débridement/Wundtoilette/ Nekrektomie	debridman/čišćenje rane/ nekrektomija
Decke	deka
Defäkation	defekacija
Defibrillator	defibrilator
Degeneration	degeneracija
Dehydration	dehidracija
dehydrieren	dehidrirati
Dekontamination	dekontaminacija
dekontaminieren	dekontaminirati
Dekubitus/Druckgeschwür	dekubitus
Dekubitusrisiko	rizik za nastanak dekubitusa
Delirium	delirij/bunilo
Deltamuskel	deltoidni mišić
Demenz	demencija
Depression	depresija
depressiv	depresivan
deprimiert sein	biti deprimiran
Dermatitis	dermatitis
Dermatologe/-in	dermatolog

Dermatologie	dermatologija
Dermatose	dermatoza
Dermis/Haut	dermis/koža
Desinfektion	dezinfekcija
desinfizieren	dezinficirati
Dextrose	dekstroza
Diabetes	dijabetes/dijabetis
Diabetiker/-in	dijabetičar/-ka
Diagnose	dijagnoza
Dialyse	dijaliza/pročišćivanje krvi
Diaphragma	dijafragma
Diastole	dijastola
Diät	dijeta
Diätologe/-in	dijetolog/-inja
dick	debeo
Dickdarm	debelo crijevo
dicke Person	debela osoba
diffus	difuzan
Diffusion	difuzija
Dilatation/Erweiterung	dilatacija/proširenje
diplomierte Gesundheits- und Krankenpflegeperson	diplomirana medicinska sestra/ diplomirani medicinski tehničar
Discus (intervertebralis)/ Bandscheibe	međupršljenska fibrozna hrskavica
Dislokation	dislokacija
Diurese	diureza
Diuretikum	diuretik
diuretisch/entwässernd	diuretičan
Dokumentation	dokumentacija
dokumentieren	dokumentirati
Dolmetscher/-in	prevodilac, tumač/-ica
dominant	dominantan
dorsal/rückwärts	dorzalan/leđni

Dorsum/Zungenrücken	hrbat jezika
Dosieraerosol	dozirani aerosol
Drainage	drenaža
Drang	poriv
drehen/umdrehen	okrenuti
Droge	droga
Druckgeschwür/Dekubitus	dekubitus
Druck	pritisak/tlak
Drüse	žlijezda
dumpfer Schmerz	tupi bol
dünn	mršav/tanak
Dünndarm	tanko crijevo
Durchblutung	prokrvljenost
Durchfall	proliv
durchführen/ausführen	izvesti/izvršiti
Durchmesser/Diameter	promjer/dijametar
durstig	žedan
duschen	tuširati se
Dysfunktion/Fehlfunktion	pogrešna funkcija
E	
Eliminierung/Behebung	eliminacija
Echokardiografie	ehokardiografija/ultrazvuk srca
Eckzahn	očnjak
Eichel/Glans	glavić penisa
Eierstock/Ovar	jajnik
Eigentum/persönliche Sachen	lične stvari
Eileiter	jajovod
Eileiterschwangerschaft	jajovodna trudnoća
einatmen	udahnuti
Einfühlungsvermögen	sposobnost uživljavanja
einführen/einlegen	uvesti/uložiti

Einmalkatheter	jednokratni kateter
Einmalnadel	igla za jednokratnu upotrebu
Einnistung/Nidation	ugnježđenje/nidacija
einreiben	utrljati
einsaugen	usisati
Einschätzung	procjena
einschließen/inkludieren	obuhvatiti/inkludirati
Einschnitt	urez
Einstellung	pristup
Einverständniserklärung (OP)	izjava o suglasnosti
Einweg-(Produkt)	jednokratni ...
Einwilligung	odobrenje/suglasnost
Eisprung	ovulacija
Eiter	gnoj
eiternd/eitrig	gnojan
eitrige Wunde	gnojna rana
EKG-Gerät Ableitungen Saugglocke EKG-Gel	EKG uređaj odvodi vakuumski ekstraktor EKG gel
Elektroenzephalografie (EEG)	elektroencefalografija (EEG)
Elektrokardiogramm (EKG)	elektrokardiogram (EKG)
Elektrolyte	elektroliti
Ellbogen	lakat
Elle	lakatna kost
Embolie	embolija
Embryo	embrio
Embryopathie	embriopatija
Emetikum	lijek za povraćanje
Empathie	empatija/uživljavanje
Empfängnis	začeće
Empfängnisverhütung	sprečavanje začeća/ kontracepcija

Empfängnisverhütungsmittel	kontraceptivno sredstvo
empfindlich/sensibel	osjetljiv
empirisch	empirijski
Endemie	endemija
endogen	endogen
Endokrinologie	endokrinologija
endokrinologisch	endokrinološki
Endoskop	endoskop
Endoskopie	endoskopija
eng	uzak/tijesan
Entbindungsklinik/-station	porodilište
entfernen	odstraniti/udaljiti
entlassen	otpustiti
Entlassung	otpust
entscheiden	odlučiti
Entscheidung	odluka
(sich) entschuldigen	ispričati se/izviniti se
Entschuldigung	izvinjenje
(sich) entspannen	opustiti se
entwässernd/diuretisch	diuretičan
Entwicklung	razvoj
Entzündung	upala
Enzym	enzim
Eosinophilie	eozinofilija
Epidemie	epidemija
Epidermis/Oberhaut	epiderma
Epikard	epikard
Epilepsie	epilepsija
Erbkrankheit	nasljedna bolest
erbrechen	povraćati
Erbrechen	povraćanje
erfahren	saznati

erfahren/erleben	iskusiti/doživjeti
Erfahrung	iskustvo
Ergebnis/Befund	rezultat/nalaz
Ergonomie	ergonomija
Ergotherapie	ergoterapija
erhöht	povišen
erhöhter Blutzuckerspiegel	povišen šećer u krvi
Erholung	odmor
(sich) erinnern	sjećati se
(jemanden an etwas) erinnern	podsjetiti (nekoga na nešto)
Erinnerung	sjećanje
Erinnerungsvermögen	pamćenje
erlauben	dozvoliti
erleichtert sein	biti olakšan
ernst	ozbiljan
errechneter Geburtstermin	vjerovatni termin porođaja
erschöpft	iscrpljen
ersetzen	zamijeniti
Erste Hilfe	prva pomoć
ersticken	gušiti se
Erwachsener	odrasli
Erweiterung	proširenje
Ess-Brech-Sucht/Bulimie	bulimija
essen	jesti
Essen	hrana
Essen verabreichen/füttern	hraniti
Essenstablett	poslužavnik za hranu
Euphorie	euforija/oduševljenje
Eustachi-Röhre	Eustahijeva cijev
Euthanasie	eutanazija
evidence-based medicine (EBM)/ evidenzbasierte Medizin	medicina utemeljena na dokazima

evidence-based nursing (EBN)	sestrinstvo utemeljeno na dokazima
Exazerbation	egzacerbacija/pogoršanje
Exkrement	ekskrement/izmetina
Expektorantium	ekspektorant/ lijek za olakšavanje iskašljavanja
Extensor/Streckmuskel	ispružač
Extraktion	ekstrakcija/izlučivanje
extramurale Krankenpflege	kućna njega
Extremitäten	ekstremiteti
extrovertiert	ekstrovertiran
Exzision	hirurško odstranjivanje/ekscizija
F	
Facharzt/-ärztin	liječnik/-ica specijalist
facialis/fazial	facijalis/facijalan
Facies/Gesicht	lice
Fadenentfernung	skidanje konaca
Fähigkeit	sposobnost
Fäkalien	izmet/stolica
fakultativ	fakultativan
Falte (Haut-)	bora
Fatigue/Erschöpfung	umor/iscrpljenost
febril/fiebrig	febrilan/grozničav
Feedback/Rückmeldung	povratna informacija
Fehlfunktion/Dysfunktion	pogrešna funkcija
Fehlgeburt	pobačaj
feminin	ženski
Ferse	peta
Fertigkeit	vještina/spretnost
Fertilisation/Befruchtung	oplođivanje
Fertilität	plodnost
feste Nahrung	tvrda hrana

fettig/ölig	mastan/uljast
Fettleibigkeit	ugojenost
Fetus/Fötus	fetus
feucht	vlažan
Fibrin	fibrin
Fibrinogen	fibrinogen
Fibrose	fibroza
Fieber	groznica/vrućica
Fieberkurve	temperaturna krivulja
final/terminal	finalan/terminalan
Finger	prst
Fingerglied	članak na prstu
Fingerknöchel	zglob na prstu
Fingernagel	nokat
Fläche/Oberfläche	površina
Flanke	bok
Flush/Erröten	crvenilo
flüssig	židak/tečan
Flüssigkeit	tečnost
flüstern	šaputati
Fontanelle	fontanela
Fortschritte machen	napredovati
Fraktur/Knochenbruch	fraktura/prijelom kosti
fruchtbar/fertil	plodan
Fruchtwasserpunktion/ Amniozentese	amniocenteza
Fruchtwasserspiegelung/ Amnioskopie	amnioskopija/ pregled plodne vode
Frühchen/Frühgeborenes	nedonošče
frühere Krankheiten	ranije bolesti
Frühmobilisation	rana mobilizacija
Fruktose/Lävulose	fruktoza
fühlen	osjećati

Fungizid	fungicid
Furunkel	čir
Fuß (Pl. Füße)	stopalo
Fußgelenk/Fußknöchel	nožni zglob
Fußgewölbe	rist
Fußpfleger/-in	pediker/-ka
Fußsohle	taban
Fußwurzelknochen	kosti zastoplja
füttern/Essen verabreichen	hraniti
G	
gähnen	zijevati
Galle	žuč
Gallenblase	žučni mjehur
Gang	hodnik
Gangrän	gangrena
Gastritis	gastritis
Gastroskopie	gastroskopija
Gaumen	nepce
Gaumenspalte	rascjep nepca
Gaze/Mull	gaza
gebären/zur Welt bringen	roditi
Gebärmutter/Uterus	maternica/uterus
Gebärmutterhals	grlić materice
Gebärmutterhöhle	materište
Gebärmutterschleimhaut	sluznica materice
Geburt	rođenje
Geburtshelfer/-in, Hebamme	babica/primalja
Geburtshilfe	primaljstvo
Gedächtnis	pamćenje
Gefährdung/lebensbedrohend	ugroženost/opasan po život
gefährlich	opasan

Gefäß	krvna žila
gefühllos/taub	utrnuo
Gehgestell/Gehhilfe	hodalica
Gehirn	mozak
Gehirnerschütterung	potres mozga
Gehör	sluh
Gehörgang	slušni kanal
Gehörknöchelchen: Hammer, Amboss, Steigbügel	slušne koščice: čekić, nakovanj, stremen
Gehörnerv	slušni živac
geistig beeinträchtigt	mentalno poremećen
Gelenk	zglob
Gen	gen
generalisiert	generaliziran
Generikum	generički lijek
Genese	geneza/nastanak
genesen/sich erholen	ozdraviti/oporaviti se
Genesung	ozdravljenje
genetisch	genetski
Genitalien/Geschlechtsorgane	genitalije/spolni organi
Gerät	aparat/sprava
Geriatrie	gerijatrija
Gerontologe/-in	gerontolog
Gerontologie	gerontologija
Geruch	miris
Gesäß/Steiß	stražnjica/trtica
Geschlechtsteil/Genital	spolni organ
Geschlechtsverkehr	snošaj
Geschwister	braća i sestre
Geschwulst	oteklina
Gesicht	lice
gesund	zdrav
Gesundheit	zdravlje

Gesundheitsbehörde	ured za zdravstvo
Gesundheitsrisiko	zdravstveni rizik
Gewalt	nasilje
Gewicht Gewicht abnehmen Gewicht zunehmen	težina smršati udebljati se
Gewohnheit	navika
Gicht	giht/podagra
Gips	gips
Glandula suprarenalis/ Nebenniere	nadbubrežna žlijezda
Glaskörper	staklovina
glatt	gladak
Glatze	ćela
Glaube	vjera
glauben	vjerovati
Gleitmittel	lubrikant
glücklich sein	biti sretan
Glukose/Dextrose	glukoza
Glykogen	glikogen
Grad	stepen
Gravidität/Schwangerschaft	graviditet/trudnoća
großer Gesäßmuskel	najveći stražnjični mišić
großer Pectoralis	veliki prsni mišić
Großhirn/Cerebrum	veliki mozak
Grund	razlog
Grundlage	osnova
Gummihandschuh	gumena rukavica
gut gelaunt sein	biti dobro raspoložen
Gynäkologe/-in	ginekolog
Gynäkologie	ginekologija

H	
Haar	kosa
Haarausfall	ispadanje kose
Haarbürste	četka za kosu
Halluzination	halucinacija
Hals	grlo
Hals-Nasen-Ohren-Arzt/Ärztin	otorinolaringolog (specijalista za uho-grlo-nos)
Halsschmerz/Halsentzündung	grlobolja/upala grla
Halswirbelsäule/Halswirbel	vratna kralježnica/ vratni kralježak
Hämatokrit	hematokrit
Hämoglobin/Blutfarbstoff	hemoglobin
Hämorrhoiden	hemoroidi
Halskrause/Nackenstütze	cervikalna kragna za vrat
Hand	ruka
Handfläche	dlan
Handgelenk	ručni zglob
Handlinien	linije na dlanu
Handrücken	hrbat ruke
Handschuh	rukavica
Handtuch	peškir/ručnik
Handwurzelknochen	kosti pešća
Harn	mokraća/urin
Harnblase	mokraćni mjehur
Harnleiter	mokraćovod/ureter
Harnretention	zadržavanje mokraće
Harnröhre	mokraćna cijev
harter Gaumen	tvrdo nepce
häufig	često
Hauptschlagader	aorta
Hausarzt/-ärztin	kućni liječnik/-ica
häusliche Gewalt	kućno nasilje

häusliche Pflege	kućna njega
Haut	koža
Hautausschlag	osip na koži
Hautfalte	bora
Hautgeschwür	čir na koži
Hebamme, Geburtshelfer/-in	babica/primalja
hecheln/keuchen (bei Lungenauskultation)	dahtati (pri osluškivanju pluća)
heikel	škakljiv
heilen	izliječiti
Heilung	liječenje
Heimpflegedienst	služba za kućnu njegu
heiser	promukao
Heizkissen	električni jastuk
Heizung	grijanje
helfen	pomagati
Hemisphäre	hemisfera
hemmen/unterdrücken	kočiti/potisnuti
Hepatitis	hepatitis
hereditär/erblich/angeboren	nasljedan
Hermaphrodit	hermafrodit
Hernie	hernija
Herpes	herpes
Herz	srce
Herzbeutel	srčanica
Herzgeräusch	šum na srcu
Herzrhythmusstörungen	poremećaj srčanog ritma
Herzschrittmacher	pejsmejker/srčani stimulator
Hexenschuss	križobolja
Hilfe	pomoć
Hilfsmittel	pomoćno sredstvo
Hilfspfleger/-in, Pflegehilfe	kućni/-a bolničar/-ka
hinken	hramati/šepati

Hinterhauptbein	zatiljna kost
Hinterhirn	zadnji mozak
Hirn	mozak
Hirnrinde	moždana opna
Hirntod	moždana smrt
Histologie	histologija
Hitzewallung	valung
Hoden	mudo
Hodensack	mošnja
holistisch	cjelovit
hören	čuti
Hörgerät	slušni aparat
Hornhaut	rožnata koža
Hörsturz/Hörverlust	gubitak sluha
Hospiz	hospic
Hüfte	kuk
Hühnerauge	kurje oko
human	human
Humerus/Oberarmknochen	ramena kost
hungrig	gladan
husten	kašljati
Husten	kašalj
Hygiene	higijena
Hypercholesterinämie	višak kolesterola
Hyperemesis gravidarum/ extreme Schwangerschafts-übelkeit	prekomjerno povraćanje u trudnoći
Hyperglykämie/Überzucker	hiperglikemija/ povišen šećer u krvi
Hyperkeratose	hiperkeratoza
Hyperthermie	hipertermija
Hypertonie	hipertonija/prenategnutost
Hypertonus	hipertonus

Hyperventilation	hiperventilacija
hyperventilieren	hiperventilirati
Hypoglykämie/Unterzucker	hipoglikemija/ nizak nivo šećera u krvi
Hypophyse	hipofiza
Hypoxie	hipoksija
Hysterektomie	histerektomija/ odstranjivanje materice
I	
immun	imun
Immunität	imunitet
impfen	vakcinisati/cijepiti
Impfstoff	vakcina/cjepivo
Impfung	vakcinisanje/cijepljenje
Implantat	implantat/usadak
impotent	impotentan
in vitro	in vitro
in vivo	in vivo
Indikator	indikator
Infarkt	infarkt
Infektion	infekcija
Infektionskrankheit	zarazna bolest
infektiös	zarazan
inferior	inferioran/podređen
Infertilität/Unfruchtbarkeit	neplodnost
infizieren	inficirati/zaraziti
infizierte Wunde	inficirana rana
Influenza	influenca/gripa
informieren	informisati
informiert werden/sein	biti informisan
informierte Einwilligung	informisani pristanak
Infusion	infuzija

Infusionsnadel/Kanüle	kanila/medicinska igla
Infusionspumpe/Infusomat	infuzijska pumpa/infuzomat
Inhalation	inhalacija
inhalieren	inhalirati
Inhibitor	reakcioni inhibitor
initial	inicijalan
Injektion	injekcija
Injektionsnadel	injekcijska igla
inkompatibel	inkompatibilan
Inkontinenz	inkontinencija
Inkontinenzvorlage	uložak pri inkontinenciji
Inkubationszeit	period inkubacije
Inkubator	inkubator
inkurabel/unheilbar	neizlječiv
Innenband	medijalni kolateralni ligament
innere Medizin	interna medicina
Inspektion	inspekcija
inspizieren	inspicirati
Instrument	instrument
Insuffizienz	insuficijencija/nedostatak
Insulin	inzulin
Intensivstation	odjel za intenzivnu njegu
Intention/Absicht	namjera
interdisziplinär	interdisciplinaran
intermittierend	intermitirajući
Internist/-in	internist
intestinal/den Darm betreffend	crijevni
Intestinum	crijevo/utroba
Intimsphäre	intimna sfera
Intoleranz	intolerancija
Intoxikation	intoksikacija
intramuskulär	intramuskularan/unutar mišića

intravenös	intravenski
intrazellulär	intracelularan/unutar ćelija
introvertiert	introvertiran
Intubation	intubacija
inVasiv	invazivan
inzidieren	incidirati/ubosti/napraviti inciziju
Inzision	incizija
Ion	ion
Iris	iris/dužica/šarenica
irreversibel	ireverzibilan/nepovratan
isolieren	izolirati
isotone Lösung	izotoničan rastvor
J	
Jejunum/Leerdarm	jejunum/prazno crijevo
Jodlösung	jodna otopina
Joule	džul
jucken	svrbiti
Juckreiz/Pruritus	svrbež
Jugendlicher/Halbwüchsiger	maloljetnik
juvenil/jugendlich	mladenački/mladalački
K	
Kaiserschnitt	carski rez
Kamm	češalj
Kanüle/Infusionsnadel	kanila/medicinska igla
kanzerogen/karzinogen sein	izazivati rak/biti kancerogen
Kapillare	kapilari
Kapsel	kapsula
kardial/das Herz betreffend	kardijalan/odnosi se na srce
Kardiologe/-in	kardiolog
Kardiologie	kardiologija

kardioVaskulär	kardioVaskularni
Karenz (Mutterschaftsurlaub)	roditeljski dopust
Karenz (Verzicht auf etwas)	odricanje
Karies	zubni karijes
Kastration	kastracija
Katabolismus	katabolizam
Kataplasma	kataplazma
Kater (einen Kater haben)	mamurluk (biti mamuran)
Katheter	kateter
Kation	kation
kauen	žvakati
kausal	kauzalan/uzročan
Kehldeckel/Epiglottis	epiglotis/poklopac grkljana
Kehlkopf/Larynx	grkljan/larinks
Keim	klica
keimfrei/aseptisch	aseptičan/bez mikroorganizama/ sterilan
Keuchhusten/Pertussis	hripavac
Kiefer	čeljust
Kind (Pl. Kinder)	dijete (mn. djeca)
Kinderarzt/-ärztin	pedijatar
Kinderkrankheit	dječja bolest
Kinderheim	dom za djecu
Kindheit	djetinjstvo
Kinn	brada
Kittel	ljekarski mantil
Klebeband	ljepljiva vrpca
kleiner Finger	mali prst
Kleinfingerballen	uzvisina malog prsta
Kleinhirn	mali mozak
Kleinkind	malo dijete
Klemme	stezaljka
Klimakterium	klimakterij

Klinik	klinika
klinisch	klinički
klinische Studie	kliničko istraživanje
klinischer Tod	klinička smrt
Klitoris	klitoris
Klumpfuß	zgrčeno stopalo
Knie	koljeno
Kniekehle	pregib koljena
Kniescheibe/Patella	patela/iver
Kniescheibenband	prednja čašična veza
Knochenbruch	prijelom kosti
Knoten/Vergrößerung	čvor
Koagulation/Gerinnung	koagulacija/zgrušavanje krvi
Kodein	kodein
kognitiv	kognitivan
Kolibakterien	koli bakterije
Koloskopie	kolonoskopija
Koma	koma
kompatibel	kompatibilan
Kompensation	kompenzacija
Kompresse	kompresa/oblog
Konsistenz	konzistencija/sastav
Konstriktion	konstrikcija/sužavanje
kontagiös	zarazan
Kontaktlinse	kontaktna leća/sočivo
Kontamination	kontaminacija
Kontinenz	kontinencija
Kontraktion	kontrakcija
Kopfhaut	koža glave
Kopfkissen	jastuk/uzglavlje
Kopfschmerzen	glavobolja
koronar	koronaran

Koronargefäße	koronarne arterije
krabbeln	puzati
Krampf	grč
Krampfadern	proširene vene
krampfartiger Schmerz	grčevit bol
Krankenakte/-geschichte	anamneza
Krankenbeförderung	prevoz pacijenata
Krankentrage	bolnička nosila
Krankenunterlagen	dokumentacija o pacijentu
Kranken-/Rettungswagen	kola hitne pomoći
Krebs	rak
Kreislauf	cirkulacija
Kreuz	križ
Kreuzbein	krstača
Kreuzwirbel	krsni (sakralni) pršljenovi
Krise	kriza
Krücke	štaka
Krümmung ... der Brustwirbelsäule ... der Halswirbelsäule ... der Lendenwirbelsäule	krivina ... prsne kralježnice ... vratne kralježnice ... lumbalne kralježnice
kühl/kalt	hladan
Kumulation	kumulacija
kurativ	ljekovit/djelotvoran
L	
labialis/die Lippen betreffend	labijalan/odnosi se na usne
Labor	laboratorij
Labortechniker	laboratorijski tehničar
Labyrinth	labirint
Lävulose/Fruchtzucker	voćni šećer
Lähmung	nepokretnost
Laktation	laktacija

Laktose	laktoza
Laktoseintoleranz	intolerancija laktoze
Laparoskopie	laparoskopija
Laparotomie	laparotomija
Laryngoskop	laringoskop
Läsion/Verletzung	povreda
latent	latentan/potajan
lateral	lateralan
Laune	raspoloženje
Laus (Pl. Läuse)	uš/vaška (mn. uši/vaške)
laut	glasan
lauwarm	mlak
Lavage/Spülung	ispiranje
Laxativ	laksativ
leben	živjeti
Leben	život
lebend	živ
lebendig/voller Lebensenergie	živahan
lebensbedrohend	opasan po život
Leber	jetra
Leberentzündung	upala jetre
Legasthenie	legastenija
leiden	patiti
Leiste	prepona
Lendenwirbelsäule	lumbalna kralježnica
Lepra	lepra
lesen	čitati
letal	letalan/smrtan
letale Dosis	smrtna doza
Lethargie	letargija
lethargisch	letargičan
Leukämie	leukemija

Leukozyten	leukociti
Libido	libido
Ligament/Band	ligament
lindern	ublažavati bol
Linse	leća/sočivo
Lipide	lipidi
Lippenpflegestift	grožđana mast za usne
Logopäde/-in	logoped
Logopädie	logopedija
Lokalanästhesie	lokalna anestezija
lokalisiert	lokalizovan
Lotion	losion
Luftröhre	dušnik
Lumbalpunktionsnadel	igla za lumbalnu punkciju
Lungen	pluća
Lungenentzündung	upala pluća
Lutscher	lizalica
Luxation	luksacija
Lymphozyten	limfociti
M	
M. (Musculus, Muskel)	
M. abductor brevis	kratki mišić primicač
M. biceps	dvoglavi nadlaktični mišić
M. biceps femoris	dvoglavi bedreni mišić
M. brachioradialis	nadlaktično palčani mišić
M. gastrocnemius	trbušasti mišić lista
M. pronator quadratus	četverokutni pronator
M. pronator teres	obli pronator
M. rectus femoris	ravni bedreni mišić
M. soleus	široki listoliki mišić
M. sternocleidomastoideus	prsnoključnosisasti mišić
M. teres major	veliki obli mišić

M. tibialis anterior M. Vastus lateralis M. Vastus medialis	prednji goljenični mišić lateralni bedreni mišić medijalni bedreni mišić
Magen	želudac
Magengegend/Bauchgegend	u stomaku
Magenschleimhaut	želučana sluznica
mager	mršav
makroskopisch	makroskopski
Malabsorption	malapsorpcija
maligne/bösartig	maligan/zloćudan
Mamma/Brust	dojka
Mandeln/Tonsillen	krajnici/mandule/tonzile
Mangel	nedostatak/mana/deficit
Manie	manija
manifest	manifestan
Manometer	manometar/ sprava za mjerenje pritiska
manuell	manualan
maskulin	muški
Maßband	krojački metar
massive Blutung	masivno krvarenje
Matratze	madrac
Matratzenschoner	presvlaka za madrac
Medikamente/Arzneimittel	lijekovi
medizinisch-technische/-r Assistent/-in	medicinsko-tehnički asistent
Medulla oblongata	produžena moždina
Meinung	mišljenje/procjena
Menarche	menarha/prva menstruacija
Menge	količina
Menopause	menopauza
Menstruation	menstruacija
Messzylinder	mjerni cilindar

metabolisch	metabolički
Metabolismus	metabolizam
Mikroorganismen/Mikroben	mikroorganizmi/mikrobe
mikroskopisch	mikroskopski
mindern	ublažiti/smanjiti (bol)
Missbrauch	zloupotreba
missbrauchen	zloupotrijebiti
Missverständnis	nesporazum
missverstehen	pogrešno razumjeti
Mitgefühl	saosjećaj
Mittelfinger	srednji prst
Mittelfußknochen	kosti donožja
mittlerer Gesäßmuskel	srednji stražnjični mišić
mobil	pokretan
Mobilisation	mobilizacija
Monitoring/Überwachung	monitoring/nadzor
Monosaccharide	monosaharidi
Morphologie	morfologija
Mukosa/Schleimhaut	mukoza/sluzokoža/sluznica
multipel	mnogostruko
Mund	usta
Mundwinkel	usni kut
mürrisch sein	biti mrzovoljan/neraspoložen
Muskel	mišić
Muskeltonus	mišićni tonus
Mutation	mutacija
Muttermal	madež
Muttermilchersatz	zamjena za majčino mlijeko
Myalgie/Muskelschmerzen	mialgija/bol u mišiću
Myokard/Herzmuskel	miokard/mišićno tkivo srca/ srčani mišić
Myokarditis	miokarditis/upala srčanog mišića
Myom	miom

Myometrium	miometrij/mišićni sloj materice
Myopie/Kurzsichtigkeit	miopija/kratkovidnost
N	
N. (Nervus) N. facialis N. vagus	živac živac lica/facijalni živac živac lutalac/pneumogastrični živac
Nabel	pupak
nächster Verwandter	blizak rođak
Nachthemd	spavaćica
Nachtkästchen des Patienten	noćni ormarić pacijenta
Nachtstuhl	noćna stolica
Nacken	vrat/zatiljak
Nadelbeseitigung	zbrinjavanje igle
Nadelspender	dispanzer za igle
Naht	šav
Namensschild	bedž sa imenom
Narkose	narkoza
Nase	nos
Nasenbein	nosna kost
Nasenhöhle	nosna šupljina
Nasenloch	nosnica
Nebenhoden	pasjemenik
Nebenniere	nadbubrežna žlijezda
Nebulisator	nebulajzer
Nekrose	nekroza
neonatal	neonatalan
Neonatologie	neonatologija
Nephrologe/-in	nefrolog
Nephrologie	nefrologija
Netzhaut	mrežica
Neugeborenes	novorođenče

Neugeborenen-Intensivstation	odjel za intenzivnu njegu novorođenčadi
Neuralgie	neuralgija
Neurochirurg/-in	neurohirurg
Neurologe/-in	neurolog
Neurologie	neurologija
Nidation/Einnistung	nidacija/ugnježđenje
Nieren	bubrezi
Niereninsuffizienz	bubrežna insuficijencija
Nierenschale	bubrežnjak
Nierenstein	bubrežni kamenac
Nodus/Knoten	nodus/čvorić
nonverbal	nonverbalan
nosokomiale Infektion	nosokomijalna (bolnička) infekcija
Notfallaufnahme	hitna pomoć
Notfallset	set/kofer za reanimaciju
Notfallwagen	kola hitne pomoći
nüchtern	trijezan
Nucleus	nukleus
nutritiv/nahrhaft	hranjiv
O	
O-Beine	O-noge
Oberarm	nadlaktica
Oberarmknochen	ramena kost
Oberkiefer	gornja čeljust
Oberlippe	gornja usna
Oberschenkel	bedro
Oberschenkelknochen	bedrena kost
Oberschwester	glavna medicinska sestra
obligatorisch	obavezan
obstruktiv	opstruktivan

okkult	okultan/skriven
Ohnmachtsanfall	napadaj nesvjestice
Ohr	uho
Ohrthermometer	ušni termometar
Ohrenentzündung/Otitis	upala uha
Ohrenspiegel/Otoskop	otoskop
Ohrgeräusche	zujanje u ušima
Ohrläppchen	ušna resica
Ohrmuschel	ušna školjka
Ohrspeicheldrüse/Parotis	parotidna žlijezda
Oligurie	oligurija/ smanjenje proizvodnje urina
Onkologie	onkologija
OP-(Raum)	operacioni/operacijski ... (operaciona sala)
Ophthalmologe/-in	oftalmolog
Ophthalmologie	oftalmologija
oral	oralan
Orbita	očna šupljina
Orchis	sjemenik
Organ	organ
Orthopäde/-in	ortoped
Orthopädie	ortopedija
Os coxae	zdjelična kost
Os sacrum/Kreuzbein	križna kost
Os temporale	sljepoočna kost
Osmolarität	osmolarnost
Ösophagus/Speiseröhre	jednjak
Otoskop	otoskop
Ovar/Eierstock	jajnik
Ovulation/Eisprung	ovulacija
ovulieren	ovulirati

P	
Pädiatrie	pedijatrija
palliativ	palijativan
Palliativstation	palijativni odjel
palpabel	palpabilan/opipljiv
Palpation	palpacija/pipanje
Pandemie	pandemija
Pankreas	gušterača
Papiertaschentuch	papirna maramica
paradox	paradoksan
Paralyse	paraliza
Parameter	parametar
Paraplegie	paraplegija
Parasit	parazit
Parodontose/Paradontitis	paradontoza
Parotis/Ohrspeicheldrüse	parotidna žlijezda
paroxysmal	paroksizmalan
partiell	parcijalan/djelomičan
pathogen	patogen
Pathogenese	patogeneza
Pathologe/-in	patolog
Pathologie	patologija
pathologisch	patologičan
Pathophysiologie	patofiziologija
(einen) Patienten überweisen	uputiti pacijenta
Patientenaufenthaltsraum	prostorija za pacijente
Patienteneinzelzimmer	jednokrevetna soba
Patientenzimmer für 3 bis 6 Personen (Mehrbettzimmer)	soba za 3 do 6 osoba
Patientenzimmer für 2 Personen (Zweibettzimmer)	dvokrevetna soba
Paukenhöhle	bubna duplja
Pelvis	zdjelica

Penetration	penetracija
Perforation	perforacija
Perfusion	perfuzija
Perfusor/Infusionspumpe	infuzijska pumpa
Perikard/Herzbeutel	perikard/srčana maramica
Periost/Knochenhaut	pokosnica
peripher	periferan
Peripherie	periferija
Peritonitis/Bauchfellentzündung	peritonitis/upala peritoneuma
perkutan	perkutan
permanent	permanentan/stalan
Perücke	perika
Personal/Belegschaft	osoblje
persönlich	osoban
Pertussis/Keuchhusten	hripavac
Pflaster	flaster
Pflegeheim	dom za njegu starijih lica
Pflegepersonal	osoblje za njegu bolesnika/ bolničari/staratelji
Pflegeraum	prostorija za njegu bolesnika
Pharmakologie	farmakologija
Phobie	fobija
Physiologie	fiziologija
physiologisch	fiziološki
Phytotherapie	fitoterapija
Pickel	bubuljica
Pille	pilula
Pilz	gljiva
Pinzette	pinceta
Plasma	plazma
Plattfuß (Pl. Plattfüße)	ravno stopalo
Platzwunde	razderotina
Plazenta	placenta

Plexus	splet
Poliomyelitis/Kinderlähmung	dječja paraliza
Polyp	polip
Polytrauma	politrauma
postoperativ	postoperativan
postpartal/post partum	postporođajan
Praktikum	praktikum
praktische/-r Arzt/Ärztin	ljekar/-ka opšte prakse
pränatal	pretporođajni
präoperativ	preoperativni
Prävention	prevencija/sprječavanje
präventiv	preventivan
Prellung	kontuzija/nagnječenje
pressen	pritiskati/tlačiti
prickeln/kribbeln	bockati/svrbjeti
primär	primaran
Privatsphäre	privatna sfera
Prognose	prognoza
Proktologe/-in	proktolog
Proktologie	proktologija
prophylaktisch	profilaktičan
Prophylaxe	profilaksa
Prostata/Vorsteherdrüse	prostata/predstojna žlijezda
Protein	protein
Prothese/Implantat	proteza/implantat
Prozedur	procedura
Prozess	proces
Psyche	psiha
Psychiater/-in	psihijatar
Psychiatrie	psihijatrija
Psychologe/-in	psiholog
Psychologie	psihologija

Psychose	psihoza
Psychotherapeut/-in	psihoterapeut/-kinja
Pubertät	pubertet
pulmonalis/pulmonal/ die Lunge betreffend	plućni
Puls	puls
pulsierender Schmerz	pulsirajući bol
Pulsschlag	puls
Pulver	prah
Punktion	punkcija
Pupille	zjenica
Purulenz/Eiterbildung	purulencija/gnojenje
Pustel	pustula/prištić/bubuljica
Q	
quälender Schmerz	mučni bol
Quarantäne	karantena
R	
Rachen/Rachenhöhle	usna šupljina
radialer Handbeuger	radijalni pregibač zapešća
Radiologe/-in	radiolog
Radiologie	radiologija
rasieren	brijati se
rau/uneben	grub/hrapav
reagieren auf ein Medikament oder eine Behandlung	reagovati na lijek ili na liječenje
Reanimation	reanimacija
reanimieren	reanimirati
reden	govoriti
Reflexhammer	medicinski perkusioni-refleksni čekić
Rehabilitation/Reha	rehabilitacija/oporavak

reiben	ribati/trljati
reinigen	pročišćavati
reizbar/nervös sein	biti razdražljiv/nervozan
Rekonvaleszenz	rekonvalescencija
rektal	rektalan
Rektoskop	rektoskop
Rektoskopie	rektoskopija
Rektum	rektum/ravno crijevo
Relaxans	relaksant
Relaxierung/Relaxation	relaksacija
relevant/bedeutend	relevantan/značajan
renal	renalan/bubrežni
Resistenz	rezistencija/otpornost
Resorption	resorpcija
respiratorisch	respiracijski/dišni/disajni
Retention	retencija/zadržavanje
Rettungsdienst	hitna služba
Rettungswagen	kola hitne pomoći
reversibel	reverzibilan/povrativ
Rezept/Verordnung	recept
Rezeptor	receptor
Rezidiv	recidiv
rezidivierend	recidivan
riechen	mirisati
Ringfinger	prstenjak
Rippenmuskel	rebreni mišić
Rollator	hodalica za starije osobe
röntgen	snimiti rendgenom
Röntgenbild	rendgenska slika
Röntgenstrahl	rendgenska zraka
rotes Blutkörperchen	crveno krvno tjelešce
Rubeola/Röteln	rubeola

Rückbildung	regresija
Rücken	leđa
Rückenmark	leđna moždina
Rückenmuskel	leđni mišić
Rückenschmerzen haben	imati bolove u leđima
Rückgrat	kičma
Rückmeldung/Feedback	odgovor/povratna veza
Rufglocke/Patientenglocke	bolesničko zvono
ruhig	miran
runzlig	izboran
Ruptur	ruptura
S	
Salbe	mast
Saliva/Speichel	slina/pljuvačka
sanft berühren	nježno dodirnuti
sanft sein	biti nježan
Sanitäter/-in	bolničar/-ka
Sauerstoffanschluss	priključak za dovod kiseonika
Sauerstoffflasche	boca sa kisikom
Sauerstoffkanüle	kanila sa kisikom
Sauerstoffsonde	sonda sa kisikom
Säuglingszimmer	prostorija za bebe
Scarlatina/Scharlach	šarlah
Schädel	lubanja
Schädel-/kranial	kranijalan
Schädelbasis	baza lubanje
Schaden	šteta/kvar
schaden	štetiti
Schambehaarung	stidna dlaka
Schambein	stidna kost
Schambeinfuge	stidni most

Schamberg	stidni brežuljak
Schamlippen	stidna usna
Scheide	vagina
Scheidenausfluss	vaginalni sekret
Schere	makaze
Schicht	smjena
Schichtwechsel	izmjena smjene
schielen	škiljiti/zrikati
Schienbein	golijen/goljenica
Schienbeinknochen	goljenična kost
Schilddrüse	štitna žlijezda/štitnjača
Schildknorpel	tiroidna hrskavica
Schizophrenie	shizofrenija
Schlafanzug	pidžama
Schläfe	sljepoočnica
schlafen	spavati
Schlaflosigkeit	nesanica
schläfrig	pospan
Schläfrigkeit	pospanost
Schlafstörung	poremećaj sna
Schlaganfall/Apoplexie/Insult	moždani udar
schlecht gelaunt sein	biti loše raspoložen
schlechte Nachrichten (verkünden)	(prenijeti) loše vijesti
schleimlösendes Mittel	sredstvo za rastvaranje sluzi
Schluckauf	štucanje/štucavica
schlucken	gutati
Schlüsselbein	ključna kost
Schmerz	bol
Schmerz (nicht ertragen)	(ne podnositi) bol
Schmerzanfall	napad bola
Schmerzausschaltung	eliminacija bola
schmerzstillend/analgetisch	ublažujući bol

Schmierblutung	krvarenje u tragovima
Schnecke	puž
Schneidermuskel	krojački mišić
Schneidezahn	sjekutić
Schnittwunde	rana od reza
Schnurrbart	brkovi
Schorf	kora/krasta
schüchtern	stidljiv
Schulter	rame
Schulterblatt	lopatica/ramena kost
Schuppen	perut
schürfen	oderati
Schürfwunde	oguljotina/abrazija kože
Schüttelfrost	drhtavica
schützen	čuvati/zaštititi
Schwamm	spužva
schwanger	trudna
Schwangerschaft	trudnoća
Schweiß/Sudor	znoj
Schweißdrüse	znojna žlijezda
Schwellkörper	spužVasto tkivo
schwere Krankheit	teška bolest
Schwierigkeiten haben beim Urinieren	imati probleme sa mokrenjem
Schwindel	vrtoglavica
schwitzen	znojiti se
Seborrhö	seboreja
Sedativum	sredstvo za umirenje
sedieren	sedirati
Sediment	sediment
Sehkraft/Sehvermögen	vid/jakost vida
Sehne	tetiva/žila
Sehnerv	vidni živac

Sehstörung	smetnja vida
Sekret	sekret/izlučevina
Sekretion	sekrecija
Sektion	sekcija
sekundär	sekundarni
Selbstmord/Suizid	samoubistvo
Selbstmord begehen	izvršiti samoubistvo
Selbstmordversuch	pokušaj samoubistva
Selbstverstümmelung	samosakaćenje
senil/altersschwach	senilan
Seniorenheim/-residenz	staracki dom
senken	smanjiti
sensibel/empfindlich	osjetljiv
Sepsis	sepsa
seriös	ozbiljan
Serum	serum
sexuell	seksualan
sexuell anregendes Mittel/ Aphrodisiakum	afrodizijak/ stimulativno sredstvo
siamesische Zwillinge	sijamski blizanci
signifikant	signifikantan
Simulation	simulacija
simultan	simultani
sinister/sinistra	lijevi
Sirup	sirup
Skalpell	skalpel/hirurški nožić
Skelett	skelet
Sklera	bjeloočnica
Skoliose	skolioza
Skorbut	skorbut
Skrotum/Hodensack	skrotum/mošnja
solitär	solitaran
somatisch	somatski

Sommersprossen	pjege
Somnolenz	somnolencija
Sonde	sonda
Sonnenbrand	sunčana opeklina
Sonografie/Sono	sonografija
Soor	kandidijaza
Sorge	briga
Sozialarbeiter/-in	socijalni radnik
Sozialhilfe	socijalna pomoć
Spasmus	grč
spastisch	spastičan
Spatel	spatula/lopatica
Speiche	palčana kost
Speiseröhre	jednjak
Spekulum	ogledalce/spekulum
Sperma	sperma
Sphinkter	vanjski čmarni mišić podizač
Sphygmomanometer/ Blutdruckmessgerät	aparat za mjerenje pritiska
Spiegel	ogledalo
spinal	spinalan
Spind/Schließfach	ormarić
Spirale	spirala
Spongiosa	spongioza
spontan	spontan
Spontanheilung	spontano izlječenje
Sprechzimmer	ordinacija
Spritze	injekcija
spröde	krhak
Sprunggelenk	skočni zglob
spucken	pljunuti
spülen	ispirati
stark/ernst	jak/ozbiljan

Stärke	jačina
starker Schmerz	jak bol
Station im Krankenhaus	odjel u bolnici
Status	status
stechender Schmerz	pekući bol
Steißbein	trtična kost
Steißgeburt	karlični porođaj
sterben	umrijeti
steril	sterilan
sterilisieren	sterilizirati
Sternum/Brustbein	prsna kost
Stethoskop Glocke, Membran, Gummischlauch, Hörteil	stetoskop zvono, dijafragma, crijevo, naušnica
Stich (Insekten-)	ubod (insekta)
stillen	dojiti
Stillen	dojenje
Stimmgabel	glazbena viljuška
Stirn	čelo
Stirn runzeln	namrgoditi se
Stirnhöhle	čeona šupljina/čeoni sinus
Stomabeutel/Stomasack	stoma
stören	smetati
Strabismus/Schielen	strabizam/razrokost
Streckmuskel/Extensor	ispružač
Stroke-Unit	jedinica za moždani udar
Stuhl	stolica
Stuhlgang haben	imati stolicu
Stupor/starke Benommenheit	stupor/polusvjesno stanje
stürzen/fallen	pasti/srušiti se
subfebrile Temperatur	povišena temperatura
subkutan	potkožan
subkutaner Bluterguss	potkožni hematom

sublingual	sublingvalan/podjezičan
substituieren	supstituirati/zamijeniti
Substitution	supstitucija
Sudor/Schweiß	znoj
Suizid/Selbstmord	samoubistvo
superficialis	površinski
superior	superioran
Suppositorium/Zäpfchen	supozitorij/čepić
Suppression	supresija
suspekt	sumnjiv
Symbiose	simbioza
Symphyse	simfiza
Symphysis pubica	simfiza pubičnih (stidnih) kostiju
Symptom	simptom
symptomatische Behandlung	simptomatska terapija
Syndrom	sindrom
synergetisch	sinergetičan
Synergie	sinergija
Synkope	sinkopa
Synthese	sinteza
Syphilis	sifilis
Systole	sistola
T	
Tablett	poslužavnik
Tablette	tableta
Tachyarrhythmie	tahiaritmija
Tachykardie	tahikardija
Tageschirurgie	jednodnevna hirurgija
Tagespflegezentrum für ...	dnevni centar za njegu ...
Taille	struk
taktil	taktilan

Taschenlampe	džepna svjetiljka
taub/gehörlos	gluh
Teddybär	medo
temporär	privremen
teratogene Substanzen	teratogene supstance
terminal	terminalan
Testosteron	testosteron
Teststreifen	indikatorska traka/test traka
Tetanus	tetanus
Tetraplegie	tetraplegija
Therapeut/-in	terapeut/-kinja
therapeutisch	terapeutski
Therapie	terapija
Thermometer	termometar
Thiamin/Vitamin B1	tiamin/vitamin B1
Thorax/Brustkorb	prsni koš/toraks
Thrombose	tromboza
Thrombozyten/Blutplättchen	trombociti/krvne pločice
Thrombozytose	trombocitoza
Thrombus/Blutgerinnsel	ugrušak krvi
Thyreoidea/Schilddrüse	tireoidna/štitna žlijezda
Tibia/Schienbein	goljenica
tiefe A. femoralis	bedrena arterija
Tod	smrt
Toilette	toaleta
Toilettenstuhl	toaletna šolja
Tonsillitis	tonzilitis/upala krajnika
Tonus	tonus
tot	mrtav
total	totalan
Totgeburt	mrtvorođenje
Toxikologie	toksikologija

toxisch	toksičan
Tracheotomie	traheotomija
tragbare Sauerstoffversorgung	mobilni aparat za kiseonik
Trage	nosila
Tränenkanal	suzni kanal
Transfusion	transfuzija
transitorisch	prolazan
Transpiration	transpiracija
Transplantation	transplantacija
Trapezmuskel/Trapezius	trapezni mišić
Trauer	tuga/žalost
Trauma	trauma
traumatisch	traumatičan
Trizeps	troglavi nadlaktični mišić
trocken	suh
Trommelfell	membrana bubnja/bubnjić
Tropfen	kap
tropfen	kapati
tropfenweiser Urinabgang	nekontrolisano uriniranje (kap po kap)
Tubargravidität/ Eileiterschwangerschaft	tubarna trudnoća
Tuberkulose	tuberkuloza
Tumor/Gewächs	tumor/izraslina
Tupfer	tupfer/upijač
U	
Übelkeit (jemandem ist übel)	mučnina (nekome je muka)
Übergewicht	prekomjerna težina
Überträger/Transmitter	prenositelj
überwachen	nadgledati/provjeravati
umdrehen	okrenuti
Umfang	opseg

unangenehm	neprijatan/neugodan
unerträglich	nepodnošljiv
Unfall	udes/sudar
Unfall- und Notfallambulanz	centar hitne pomoći
ungepflegt	nenjegovan
unkontrolliertes Urinieren	nekontrolisano uriniranje
unsicher 1. nicht selbstbewusst 2. gefährdet	 1. nesiguran 2. ugrožen
Unterarm	podlaktica
unterdrücken/hemmen	potisnuti/zaustavljati
untere Hohlvene	donja šuplja vena
Unterkiefer	donja čeljust
Unterlippe	donja usna
unterschreiben	potpisati
Unterschrift	potpis
untersuchen	pregledati
Untersuchung	pregled
Untersuchungsraum	prostorija za pregled
Untersuchungstisch	sto za pregled
Unterwäsche	donji veš
Unterzucker/Hypoglykämie	hipoglikemija/pad šećera
Unverträglichkeit	intolerancija
Unwohlsein	nelagodnost/slabost
Ureter/Harnleiter	mokraćovod
Urethra/Harnröhre	mokraćna cijev
Urin	urin/mokraća
Urinbehälter/-flasche	posuda za urin
urinieren	urinirati/mokriti
Urinprobe	proba mokraće
Urologe/-in	urolog
Urologie	urologija
Urometer	urometar

Ursache	uzrok
Uterus	maternica
Unterleib	donji dio trbuha
Unverständnis	nerazumijevanje
Unannehmlichkeit	nezgoda
unannehmbar	neprihvatljiv
V	
V. (Vena, Vene)	
V. axillaris	pazušna vena
V. basilica	carska vena
V. brachiocephalica	brahiocefalična vena
V. cava inferior	donja šuplja vena
V. cava superior	gornja šuplja vena
V. cephalica	cefalična vena
V. femoralis	bedrena vena
V. iliaca communis	zajednička bočna vena
V. iliaca externa	vanjska bočna vena
V. iliaca interna	unutrašnja bočna vena
V. interna jugularis	unutarnja vratna vena
V. jugularis	vratna vena
V. poplitea	zakoljena vena
V. portae	portalna vena
V. saphena parva	mala skrivena vena
V. saphena magna	velika potkožna vena
V. sinus rectus	v. sinus rectus
V. subclavia links	potključna vena
V. superiores cerebri	površinske moždane vene
Vagina	vagina
Vakzin/Impfstoff	vakcina/cjepivo
Vakzination/Impfung	vakcinacija/cijepljenje
Valva/Herzklappe	srčani zalistak
Variola/Pocken	variola/boginje

Varizellen/Windpocken	varičela/vodene kozice/ ovčije boginje
Varizen/Krampfadern	proširene vene
Vaskulär	Vaskularni
Vasodilatation/Gefäßerweiterung	proširenje krvnih sudova
Vasokonstriktion/ Gefäßverengung	Vasokonstrikcija/ sužavanje krvnih sudova
(sich) verändern	mijenjati (se)
verängstigt sein	biti uplašen
verantwortlich sein	biti odgovoran
verärgert sein	biti ljut
verbal	verbalan
Verband	povoj
(sich) verbessern	poboljšati (se)
Verbreitung/Ausbreitung	proširenje/rasprostiranje
verdauen	probaviti
Verdauung	probava
vergessen	zaboraviti
vergesslich	zaboravan
vergewaltigen	silovati
Vergewaltigung	silovanje
vergrößert	povećan
verhindern	spriječiti
Verhütungsmittel	kontraceptivno sredstvo
verlängertes Mark	produžena moždina
Verletzung	povreda
Verlust der Oberhaut	gubitak epiderme
vernarbt	zacijeljen
vernarben	zacijeljeti/zarasti
vernünftig	razuman/razborit
verschreiben	propisati
verschwommen (sehen)	mutno (vidjeti)

Versicherungskarte/ E-Card	zdravstvena knjižica/ zdravstvena iskaznica
verstauchen	uganuti
Versteifung	ukrućenje
verstellbares Krankenbett	medicinski krevet
Verstopfung/Obstipation	zatvor stolice
Vertebra/Wirbel	kralježak
Vertigo/Schwindel	vertigo/vrtoglavica
vertraulich	povjerljiv
Verwachsung	srastanje
Verwaltung	administracija
verwechseln	pobrkati/zamijeniti
Verwechslung	brkanje/zamjena
verwirrt sein	biti zbunjen
Vigilanz	vigilancija
viral	virusni
Virulenz	virulencija/zaraznost
Visite	vizita
Viskosität	viskoznost
vorbeugen	spriječiti
Vorbeugung/Prävention	preventiva
Vorhaut	prepucij
Vormund	staratelj
vorschlagen	predložiti
Vorsorgeuntersuchung	preventivni zdravstveni pregled
Vulva	vulva/stidnica
W	
Waage	vaga
wachsen	rasti
Wachstum	rast
Wade	list
Wadenbein	lisna kost

Wange	obraz
Wangenknochen	jagodična kost
Warze/Verruca	bradavica
Waschbecken	umivaonik
Wasser	voda
Wattestäbchen	vateni štapići
Wehen	trudovi/porođajni grčevi/ porođajne muke
weiblich	ženski
Werkzeug/Hilfsmittel	alat/pribor
Wimper	trepavica
Windel	pelena
Wirbel	kralježak
Wirbelsäule	kičma
Wohnheim für junge Erwachsene	dom za odgoj djece i mladeži
Wundausschneidung	ekscizija
Wundtoilette/Débridement/ Nekrektomie	debridman/čišćenje rane/ nekrektomija
würgen	gušiti/daviti
Würgereflex	refleks davljenja
Wurm (Pl. Würmer)	crv (Pl. crvi)
Wut	bijes
Wutanfall	napad bjesnila
wütend	bijesan/ljut
X	
X-Beine	x-noge
Z	
Zahnarzt/-ärztin	zubar/-ka
Zahnbürste	četkica za zube
Zahnfleisch	desni
Zahnpasta	pasta za zube

Zahnschmerz	zubobolja
Zahnspange	ortodontski aparat/zubna proteza
Zange	kliješta
Zäpfchen	čepić
Zehe	nožni prst
Zehennagel	nokat nožnog prsta
zentral	centralni
zerebral	cerebralni
Zerrung/Verstauchung	istegnuće/uganuće
Zervikalstütze	cervikalna kragna za vrat
Zervix	cerviks
Zilie	cilija/treplja
Zirkumzision/Beschneidung	obrezivanje
Zirrhose	ciroza
zittern	drhtati
Zorn	gnjev
zornig	ljutit
Zunge	jezik
Zungenspatel	spatula
zurechtkommen	snaći se
zurückhalten/festhalten	suzdržavati
(sich) zusammenrollen	sklupčati (se)
zwicken	štipati
Zwilling	blizanac
zwinkern/blinzeln	treptati/namignuti
Zwölffingerdarm	dvanaesnik
Zyanose	cijanoza/modrilo kože i sluznica
zyanotisch	cijanotičan
Zygote	zigot
zyklisch	cikličan
Zyste	cista
Zytologie	citologija/celularna biologija

Kurze Anweisungen

(nach A. Jibidar)

Deutsch	B/K/S
Achten Sie bitte darauf, dass der Schlauch nicht geknickt wird.	Pazite, molim Vas, da se cijev ne prelomi.
Achten Sie darauf, genug Wasser zu trinken.	Pazite da pijete dovoljno vode.
Atmen Sie bitte den Dunst/ Nebel ein.	Udahnite paru/maglu.
Atmen Sie bitte ganz normal ein und aus.	Udahnite i izdahnite sasvim normalno.
Atmen Sie bitte tief ein und halten Sie die Luft an.	Udahnite duboko i zadržite vazduh u plućima.
Atmen Sie bitte tief ein.	Molim Vas, udahnite duboko.
Behalten Sie das bitte unter der Zunge, bis es vollkommen schmilzt.	Zadržite to pod jezikom, sve dok se skroz ne istopi.
Behalten Sie es bitte an.	Molim Vas, nemojte to skidati.
Behalten Sie es bitte im Auge.	Imajte to u vidu.
Bei Beschwerden informieren Sie bitte den Arzt/die Ärztin (die Krankenpflegerin/den Krankenpfleger).	Ako Vas nešto zaboli, informišite, molim Vas, ljekara/ljekarku (medicinsku sestru/bolničara).
Betätigen Sie bitte die Rufglocke, wenn Sie etwas brauchen.	Upotrijebite bolesničko zvono, ako Vam nešto zatreba.
Beugen Sie bitte den Arm vor.	Savijte ruku.
Beugen Sie sich bitte vor.	Sagnite se.
Bewahren Sie bitte alle Medikamente außerhalb der Reichweite von Kindern auf.	Držite sve lijekove van dohvata djece.
Bewahren Sie es bitte im Kühlschrank auf.	Držite to u frižideru.

Bewahren Sie es unter 25 Grad Celsius auf.	Držite to na temperature ispod 25 stepeni.
Bewegen Sie sich bitte nicht.	Ostanite sada nepomični.
Bitte beantworten Sie die Fragen.	Molim Vas, odgovorite na pitanja.
Bitte entspannen Sie sich.	Molim Vas, opustite se.
Blasen Sie bitte in das Rohr.	Duvajte u cijev.
Bleiben Sie bitte ruhig stehen.	Stanite mirno.
Bleiben Sie bitte sitzen.	Nemojte ustajati.
Buchstabieren Sie bitte den Namen für mich.	Diktirajte mi ime slovo po slovo.
Drehen Sie bitte das Gehgestell um.	Okrenite hodalicu.
Drehen Sie bitte den Kopf nach links.	Okrenite glavu na lijevo.
Drehen Sie bitte die Sauerstoffzufuhr auf.	Otvorite dovod kisika.
Drehen Sie sich bitte um.	Okrenite se.
Drücken Sie bitte ein paar Minuten drauf.	Pritisnite nekoliko minuta na to.
Es ist gut, mit Ihrer Familie/Ihrem Partner/Ihrer Partnerin darüber zu sprechen.	Pomoći će Vam da porazgovarate o tome sa članovima Vaše porodice ili sa partnerom/partnerkom.
Es ist vollkommen in Ordnung, wenn Sie sich das überlegen wollen.	Sasvim je u redu ako želite još neko vrijeme da razmislite o tome.
Es ist wichtig, dass Sie sich ausgewogen ernähren.	Bitno je da se zdravo hranite.
Es ist wichtig, dass wir Ihre Entlassung zusammen vorbereiten.	Bitno je da zajedno pripremimo Vaš odlazak iz bolnice.
Fragen Sie bitte Ihren Hausarzt.	Pitajte svog kućnog ljekara.
Fragen Sie bitte, wenn Sie mehr Erkärungen benötigen.	Slobodno pitajte ako Vam trebaju dodatna objašnjenja.

Fragen Sie um Hilfe.	Pitajte za pomoć.
Füllen Sie bitte das Formular aus.	Ispunite formular.
Geben Sie bitte Ihre Papiere in der Anmeldestelle ab.	Predajte papire na šalteru za prijavu.
Gehen Sie bitte langsam.	Hodajte polako.
Gehen Sie bitte zu Zimmer 345.	Idite u sobu 345.
Gehen Sie langsam, wir haben genug Zeit.	Slobodno hodajte polako, imamo dovoljno vremena.
Halten Sie bitte einige Minuten, bis es aufhört zu bluten.	Pridržite nekoliko minuta dok krvarenje ne prestane.
Halten Sie das bitte fest.	Pridržite ovo, molim Vas.
Halten Sie den Kopf gerade und schauen Sie nach rechts.	Držite glavu mirno i gledajte na desno.
Halten Sie sich bitte an dem Haltegriff fest.	Držite se za ručku.
Heben Sie bitte den Kopf einen Moment.	Podignite glavu na momenat.
Heben Sie bitte Ihre Arme hoch/ strecken Sie die Arme nach vorne.	Podignite ruke/ ispružite ruke naprijed.
Ich verstehe, dass es ganz schön verwirrend sein kann, wenn ...	Razumijem Vas, to može biti zbunjujuće, kad ...
Ich würde empfehlen, dass Sie die Folgen mit Ihrem Partner/ Ihrer Partnerin offen besprechen.	Ja bih Vam posavjetovala da otvoreno porazgovarate sa partnerom/partnerkom o posljedicama.
Informieren Sie bitte Ihre Familie über unsere Besuchszeiten.	Recite porodici kad Vam može doći u posjetu.
Kauen Sie gut, bevor Sie schlucken, wir haben genug Zeit.	Žvačite dobro prije nego što progutate, imamo dovoljno vremena.
Kommen Sie bitte herein.	Slobodno, uđite.
Können Sie mir bitte Ihre Hand zeigen?	Pokažite mi ruku, molim Vas.
Können Sie sich bitte aufrichten?	Molim Vas, pridignite se.

Krempeln Sie bitte den Ärmel auf.	Zasučite rukav.
Langsam bitte.	Polako, molim Vas.
Lassen Sie bitte Ihre Wertsachen zu Hause, wenn Sie zur Aufnahme kommen.	Ostavite skupocjenosti kod kuće kad krenete na prijem.
Legen Sie bitte Ihren Arm auf das Kissen/Bett, Sie brauchen ihn nicht hochzuhalten.	Stavite ruku na jastuk/krevet, ne treba da je držite u vazduhu.
Legen Sie sich auf den Bauch.	Lezite na stomak.
Legen Sie sich bitte hin.	Lezite, molim Vas.
Legen Sie sich jetzt bitte auf den Rücken.	Lezite sad, molim Vas, na leđa.
Lesen Sie bitte die Informationsunterlagen, die Sie erhalten haben.	Pročitajte informacije koje ste dobili.
Machen Sie bitte den Mund auf.	Molim Vas, otvorite usta.
Machen Sie sich bitte eine Notiz.	Zapišite to sebi.
Machen Sie sich bitte keine Sorgen, die Ärzte tun ihr Bestes.	Ne brinite, ljekari se maksimalno trude.
Nehmen Sie bitte alle Schmuckstücke ab.	Molim Vas, skinite sav nakit.
Nehmen Sie bitte die Maske ab.	Skinite masku.
Nehmen Sie das Medikament bitte immer vor den Mahlzeiten.	Uzimajte lijek uvijek pred obrok.
Nehmen Sie das Medikament nicht mit Alkohol, Wasser ist immer am besten.	Ne uzimajte lijek sa alkoholom, najbolje je da lijek popijete uz čašu vode.
Nehmen Sie sich bitte Zeit, um das in Ruhe zu lesen.	Uzmite sebi vremena da sve pročitate na miru.
Prüfen Sie bitte das Ablaufdatum.	Provjerite datum isteka.
Prüfen Sie bitte noch Ihre Daten und unterschreiben Sie da unten.	Provjerite podatke i potpišite se dole.

Reinigen Sie bitte immer die Brustwarzen vor dem Stillen.	Prije dojenja uvijek očistite bradavice.
Rollen Sie bitte zur Seite.	Okrenite se na stranu.
Sagen Sie mir bitte, wie Sie sich dabei fühlen.	Recite mi kako se osjećate.
Schauen Sie bitte geradeaus.	Gledajte ispred sebe.
Schauen Sie bitte hinauf.	Gledajte na gore.
Schlucken Sie bitte die Tablette.	Progutajte tabletu.
Schreiben Sie bitte mit.	Zapišite sebi ovo.
Schreiben Sie es bitte hier für mich auf.	Napišite mi to ovdje.
Schütteln Sie es vor der Anwendung.	Promućkajte prije upotrebe.
Setzen Sie bitte die Maske auf.	Stavite masku na lice.
Setzen Sie sich bitte auf die Toilette.	Sjedite na WC šolju.
Setzen Sie sich bitte hin.	Molim Vas, sjedite.
Setzen Sie sich bitte in den Rollstuhl.	Sjedite u invalidska kolica.
Sie können auch mit dem Gehgestell ganz normal umdrehen.	Možete zaokrenuti sasvim normalno i sa hodalicom.
Stehen Sie bitte auf.	Molim Vas, ustanite.
Stehen Sie bitte gerade und bleiben Sie so.	Ustanite i ostanite u tom položaju.
Stehen Sie bitte gerade.	Stojite ispravno.
Stellen Sie bitte die Füße auf die Matte.	Stavite noge na otirač.
Stellen Sie den Behälter auf den Tisch.	Stavite posudu na sto.
Stellen Sie sich bitte auf die Waage.	Stanite na vagu.
Stellen Sie sicher, dass sich das Produkt vollständig aufgelöst hat, bevor Sie es verwenden.	Pazite da se produkt skroz rastvori prije nego što ga koristite.

Strecken Sie bitte den Arm nach vorne.	Ispružite ruku.
Trinken Sie ein Glas Wasser.	Popijte čašu vode.
Trinken Sie schluckweise, bitte.	Pijte gutljaj po gutljaj.
Überprüfen Sie das bitte nochmals.	Provjerite još jedan put.
Unterschreiben Sie bitte die Einwilligung.	Potpišite formular o informisanom pristanku.
Vermeiden Sie Alkohol (während der Behandlung).	Izbjegavajte alkohol (za vrijeme terapije).
Vermeiden Sie Sonne während der Behandlung mit diesem Medikament.	Izbjegavajte sunce dok koristite taj lijek.
Vermeiden Sie direktes Sonnenlicht nach der Einnahme des Medikaments.	Izbjegavajte direktno sunce poslije uzimanja lijeka.
Versuchen Sie bitte nur den mittleren Strahl des Urins zu nehmen.	Potrudite se da sakupite samo srednji mlaz mokraće.
Versuchen Sie es immer wieder.	Pokušajte nekoliko puta.
Versuchen Sie früh ins Bett zu gehen, unbedingt vor Mitternacht.	Pokušajte da legnete na spavanje što ranije, u svakom slučaju prije ponoći.
Warten Sie bitte hier drinnen.	Sačekajte ovdje unutra.
Warten Sie bitte hier, Sie werden aufgerufen.	Sačekajte ovdje, bićete prozvani.
Warten Sie, ich helfe Ihnen.	Sačekajte, ja ću Vam pomoći.
Waschen Sie sich bitte gründlich die Hände.	Operite dobro ruke.
Wenn Sie atmen, holen Sie ganz tief Luft.	Kad dišete, udahnite jako duboko.
Wenn Sie sich noch nicht bereit fühlen, können wir es später probieren.	Ako još niste spremni, možemo i kasnije da pokušamo.

Werfen Sie bitte die Flasche nach Überschreiten des Ablaufdatums weg.	Kad istekne rok upotrebe, bacite flašu u smeće.
Werfen Sie bitte jeglichen Rest weg/was Sie nicht verwendet haben.	Bacite sve ostatke u smeće/sve što niste upotrijebili.
Werfen Sie sofort den benutzten Verband weg.	Bacite zavoj odmah poslije upotrebe.
Wir könnten Ihre Entlassung mit Ihrer Frau/Ihrem Mann/Ihrem nächsten Verwandten besprechen.	Možemo popričati o vašem otpustu sa vašom ženom/vašim mužem/najbližom rodbinom.
Zeigen Sie mir mal bitte Ihr Patientenarmband.	Pokažite mi bolesničku narukvicu.
Ziehen Sie bitte Ihr Nachthemd/ Ihren Pyjama aus.	Skinite spavaćicu/pidžamu.
Ziehen Sie bitte Ihren Morgenmantel aus/an.	Skinite/obucite ogrtač.
Zögern Sie bitte nicht zu fragen.	Slobodno pitajte.

Dialoge
(nach A. Jibidar)

Bosnisch/Kroatisch/Serbisch

Opšte informacije

1 Podaci

Medicinska sestra: Dobar dan, vi ste gospođa Marković? Izvolite, sjedite.

Pacijentkinja: Dobar dan, hvala!

Medicinska sestra: Ja sam Claudia i danas sam ja zadužena za Vas. Za početak su mi potrebne informacije o Vama. Nedostaju neki podaci koje još moram provjeriti.

Pacijentkinja: U redu.

Medicinska sestra: Kada ste rođeni i gdje?

Pacijentkinja: Rođena sam 14. aprila 1975. u Mostaru.

Medicinska sestra: Vaša adresa?

Pacijentkinja: Margaretenstraße 33/7, u petom, dakle 1050 Beč.

Medicinska sestra: Vaš broj telefona je (01) 7542391?

Pacijentkinja: Tako je.

Medicinska sestra: Naveli ste Gorana Markovića kao najbližeg rođaka, ali fali nam njegova adresa i njegov broj telefona.

Pacijentkinja: To je moj sin. Ista adresa, jer stanuje u istoj zgradi. Njegov broj telefona glasi 0699/348722089.

Medicinska sestra: Dobro, mislim da je to za sada sve. Sada ću Vam pokazati vašu sobu.

2 Uvod

Medicinska sestra: Dobar dan, gospodine Milanoviću. Vidim da ste se uselili u sobu. Je li Vam sve jasno?

Pacijent: Da, hvala, mislim da jeste.

Medicinska sestra: Onda ću kratko da Vam pokažem gdje je šta. Ovo je signalno pozivno dugme. Pritisnite ga ako Vam nešto zatreba. Krevet možete namjestiti kako Vama odgovara, dakle možete pridignuti gornji dio ili donji. Samo pritisnite ovdje ili tu, prema gore ili prema dole.

Pacijent: Da, razumijem, baš je ugodno. Obično držim glavu nešto više.

Medicinska sestra: Ovdje imate svjetlo za čitanje.

Pacijent: U redu.

Medicinska sestra: Ovdje je kupatilo. Je li Vam potrebna pomoć u kupatilu?

Pacijent: Obično ne, ali poslije operacije bi mi mogla zatrebati vaša pomoć. Javiću Vam.

Medicinska sestra: U redu! Još nešto?

Pacijent: Ne, mislim da je u redu.

Medicinska sestra: Kasnije ću opet doći da Vam postavim još nekoliko pitanja i da Vam objasnim neke stvari.

Pacijent: U redu.

3 Otpust iz bolnice 1

Medicinska sestra: Gospođo Gül, Vaši dokumenti za otpust iz bolnice su spremni. Daću Vam i lijek koji trebate uzimati dva puta dnevno, ako može ujutro i naveče. Lijek pijete uz čašu vode.

Pacijentkinja: U redu.

Medicinska sestra: Pijte taj lijek redovno, sve dok se ne potroši. To je bitno.

Pacijentkinja: Dobro. I šta još?

Medicinska sestra: Ovo je recept za druge lijekove koje ćete dobiti u apoteci.

Pacijentkinja: Evo, stigao je moj muž, neka on uzme dokumente za otpust iz bolnice i recept. Hvala što ste tako dobro brinuli o meni.

4 Otpust iz bolnice 2

Medicinska sestra: Je li Vam drago što se danas vraćate kući? Vidim da ste već spakovali sve stvari.

Pacijent: Jedva čekam da se vratim kući.

Medicinska sestra: Mogu misliti! Da prebrojimo još jedan put šta sve trebate raditi kod kuće?

Pacijent: Da li možemo to da uradimo kad dođe moja ćerka? Ona će me kolima odvesti kući i brinuti se o meni.

Medicinska sestra: Naravno. Vidimo se onda kasnije.

5 Glavobolja

Medicinska sestra: Kako ste sad?

Pacijent: Nisam baš dobro, jako me boli glava.

Medicinska sestra: Sad ćemo to da sredimo. Donijeću Vam tabletu protiv bolova. Kad ste zadnji put uzeli tabletu?

Pacijent: Čini mi se prije dva sata. A možda i ranije, ne sjećam se tačno, mora da sam nekoliko puta zaspao u međuvremenu.

Medicinska sestra: Samo momenat, sve je zapisano, evo sad ću da provjerim ... prije tri sata ste uzeli jednu tabletu, a i ta je bila slabija. Donijeću Vam još jednu tabletu protiv bolova.

6 Infarkt

Medicinska sestra: Dobro jutro, gospodine Abrahamoviću. Ja sam Marija i danas radim sa Vama. Kako se osjećate danas?

Pacijent: Pa eto, nije loše. Da li danas opet moramo nešto da radimo?

Medicinska sestra: Izgledate kao da ste zabrinuti. U čemu je stvar?

Pacijent: Dosta mi je svih ovih pregleda. Nikad nemam ...

Medicinska sestra: Razumijem.

Pacijent: Šta mislite, da li je sve u redu sa mojim srcem? Meni ništa više nije jasno.

Medicinska sestra: Pretpostavljam da ste zbunjeni, je li tako?

Pacijent: Da, donekle jesam. Nije mi jasno zašto sam dobio taj infarkt, ipak ja ne pijem, ne pušim ...

Medicinska sestra: EKG pokazuje neke nepravilnosti, a redovno mjerenje pritiska pokazuje da se u nekom momentu povisio šećer u krvi.

7 Uzimanje hrane

Medicinska sestra: Jeste li ogladnili, gospodine Markoviću? Izvolite, vaš ručak.

Pacijent: Baš mi je drago! Ogladnio sam. A u zadnje vrijeme to mi se nije često dešavalo.

Medicinska sestra: Sjedite li udobno?

Pacijent: Da, da, hvala.

Medicinska sestra: Dobro, izvolite onda. Žvačite polako i dovoljno dugo. Imamo vremena. Drago mi je da ste opet pri apetitu. Jeste li vidjeli specijalnu čašu za bolesnike? Nju možete sami uzeti u ruke, jer ona ja tako napravljena da nećete prosuti vodu. Na taj način postaćete sa vremenom samostalniji. Sve ćemo probati, samo polako.

Pacijent: Hvala što se tako dobro brinete o meni. Danas ću probati tu specijalnu čašu, a narednih dana mogu probati da koristim i sve te ostale stvari.

Medicinska sestra: Da, tako ćemo, a ja sam sigurna da ćete se vi dobro snaći.

8 Ustati iz kreveta

Medicinska sestra: Tu sam, gospodine Salif. Sve u redu?

Pacijent: Da. Molim Vas, pomozite mi da se istuširam.

Medicinska sestra: Naravno, zato sam i došla. Pridržite se za trokut i povucite se na gore, tako da sjednete u krevetu. A onda polako spustite noge sa kreveta. Ako zatreba, ja ću Vas pridržati. Okej ... polako.

Pacijent: Pa ja svaki dan sve više napredujem.

Medicinska sestra: Da li stojite stabilno na nogama?

Pacijent: Da, hvala.

Medicinska sestra: Sačekajte, evo Vam hodalica. Pridržaću je, a vi se onda uhvatite za ručke.

Pacijent: Držim se.

Medicinska sestra: Dobro, i kako Vam se čini? Jeste li stabilni?

Pacijent: Možemo krenuti.

9 Konflikti

Medicinska sestra: Zdravo, Tomase, ja sam Jasmina. Ja radim danas noćnu smjenu.

Pacijent: Zdravo, Jasmina.

Medicinska sestra: Pročitala sam da si juče imao zračnu terapiju. Kako je prošlo?

Pacijent: Ma valjda je bilo u redu, ali danas se osjećam stvarno loše. I ...

Medicinska sestra: Vjerujem da ti nije lako. A pošto si već duže vremena u bolnici, sigurno ti nedostaju porodica i prijatelji.

Pacijent: Nije baš zabavno kad povraćaš, ali nekako mogu s tim da živim. Ali ... moji roditelji.

Medicinska sestra: Je li možeš sa njima razgovarati o tvojoj situaciji?

Pacijent: Ma oni se ponašaju kao da je sve u najboljem redu. To mi ide na živce, ne volim laži.

Medicinska sestra: Jasno. Imaš stariju sestru, jel' tako?

Pacijent: *(klima glavom)*

Medicinska sestra: Možda bi ona mogla porazgovarati sa roditeljima, ako je zamoliš?

Pacijent: Da. Možda. Hvala što si me saslušala. Puno ti hvala.

Medicinska sestra: Nema na čemu.

10 Trudnoća

Medicinska sestra: Dobro jutro, gospođo Heldwein, drago mi je da Vas vidim. Danas dolazite na kontrolu?

Pacijentkinja: Dobro jutro, Ana. Da, danas sam došla na kontrolu.

Medicinska sestra: Prvo ćete se izvagati, a onda ćemo izmjeriti pritisak …

Pacijentkinja: Moram da Vam kažem da patim od zatvora, i to znatno više nego u prošlim trudnoćama.

Medicinska sestra: Kao što znate, u trudnoći to nije neobično. Promijenite malo ishranu. Da li jedete dovoljno svježeg voća i povrća? Kuhate li redovno?

Pacijentkinja: Isto kao i prije. Znam da bih trebala jesti više svježeg voća i povrća, onako kako sam to radila u toku druge trudnoće. Ali sada imam manje vremena za kuhanje, jer starija djeca traže puno pažnje.

Medicinska sestra: Ispričajte mi šta radite svakodnevno i kako se hranite, pa ćemo da razmislimo kako biste mogli bolje raspodijeliti vrijeme. Onda ćemo zajedno razmisliti o tome šta je najbolje za Vas. U redu?

Pacijentkinja: Da, super ideja. Jednostavno moram imati više sile volje i discipline. Pa nisam više ni tako mlada.

11 Djeca

Medicinska sestra: Dobar dan, gospođo Platzgummer, zdravo, Tom. Kako si narastao!

Pacijent: Sad imam šest godina.

Medicinska sestra: O! Sjedi oVamo, Tom. Izgledaš mi umorno.

Mama: Kaže da se loše osjeća. Dva dana je imao temperaturu. Osim toga kašlje. Prošle noći su ga toliko bolile uši da uopšte nije mogao spavati.

Medicinska sestra: Tom, ja ću uz pomoć lampice pogledati tvoje uši, a onda ću pogledati grlo ... imaš prehladu, to nije ništa strašno, ali moraš nekoliko dana ostati u krevetu. Bitno je da piješ što više. Šta voliš da piješ?
Pacijent: Čaj od voća i sok od narandže.
Medicinska sestra: Pij puno čaja, to će ti svakako pomoći. Sigurna sam da ćeš brzo ozdraviti. Uzimaj lijekove koje će ti mama davati, ostani u krevetu i odmori se.

Opservacija i terapija

1 Prvi pregled

Medicinska sestra: Dobro jutro. Gospođo Marković?
Pacijentkinja: Da. Dobro jutro!
Medicinska sestra: Moja koleginica Manuela će da izvrši prvi pregled.
Pacijentkinja: Dobro jutro.
Medicinska sestra 2: Dobro jutro, gospođo Marković! Mogu li da pogledam vašu bolesničku narukvicu?
Pacijentkinja: Izvolite.
Medicinska sestra 2: Dobro! Prvo ćete se izvagati, a onda ću izmjeriti vaš puls. A nakon toga ću provjeriti disanje i pritisak.
Pacijentkinja: U redu.
Medicinska sestra 2: Stanite na vagu.
Pacijentkinja: Naravno ... i?
Medicinska sestra 2: 80 kg.
Medicinska sestra: Je li to vaša obična težina?
Pacijentkinja: Da.
Medicinska sestra 2: A sad zavrnite rukav, da stavim manšetu za mjerenje pritiska. Ruku možete slobodno pustiti da visi.
Pacijentkinja: Znam.

Medicinska sestra: Zamoliću Vas da sad ne pričate, jer je bitno da budete mirni. Preko prsta ću da izmjerim zasićenost krvi kiseonikom.
Pacijentkinja: Da li je sve u redu?
Medicinska sestra 2: Vaš pritisak je 120/72, što je normalno. Puls je 69, to je takođe u redu, a zasićenost krvi kiseonikom je na nivou od 97 %, što je takođe u redu. To je dakle količina kiseonika u krvi.
Pacijentkinja: O.K.

2 Bolovi
Medicinska sestra: Dobar dan, gospođo Böhler. Kako se osjećate danas?
Pacijentkinja: Jako me boli glava ... nisam mnogo spavala.
Medicinska sestra: Jasno ... jeste li juče imali hemoterapiju?
Pacijentkinja: Da. I jutros mi je bilo muka. Bilo mi je toliko loše da sam povratila.
Medicinska sestra: Daću Vam infuziju protiv mučnine.
Eto, gospođo Böhler, to je to. Donijela sam Vam skalu za bolove. Molim Vas, kako biste odredili bolove, na kojem stepenu? Skala ide od 0 „nema bolova“ do 10 „nepodnošljivi bolovi“. Donijeću Vam lijekove protiv bolova. Hoćete li možda čašu biljnog čaja?
Pacijentkinja: Da, vrlo rado, hvala.
Medicinska sestra: Donijeću Vam čaj za pola sata, kad osjetite učinak lijekova.
Pacijentkinja: To bi bilo dobro. Hvala.

3 Noćna smjena

Pacijentkinja: Molim Vas, potrebna mi je vaša pomoć!

Medicinska sestra: Dobro veče, gospođo Mooshammer. Trenutno imam noćnu smjenu i pobrinuću se o Vama. Šta mogu da uradim za Vas?

Pacijentkinja: Čini mi se da se kanila pomjerila, vjerovatno dok sam spavala. Možda sam nešto povukla.

Medicinska sestra: Da vidimo. Izgleda da je sve u redu, pumpa takođe funkcioniše normalno. Pobrinuću se za kanilu, tako da možete mirno spavati, a da se pumpa ne premjesti.

Pacijentkinja: Hvala.

Medicinska sestra: Nema na čemu.

Pacijentkinja: Možete li kasnije opet doći? Biće mi lakše ako ponekad dođete da kontrolišete. Malo sam se prepala kad sam se probudila.

Medicinska sestra: Naravno, doćiću. Ne brinite. Ako nešto zatreba, samo pozvonite. Možete mirno spavati.

4 Astma

Medicinska sestra: Zdravo, Andrease, sjećaš li se da smo rekli kako ćemo popričati o disanju i astmi?

Pacijent: Da ...

Medicinska sestra: Zato sam i došla. Je li to u redu?

Pacijent: Pa i nemam nekog drugog izbora, zar ne?

Medicinska sestra: Možemo i drugi put. Vidi, radi se o ovome: Ako shvatiš kako funkcioniše disanje, onda će ti biti jasno šta se dešava kad imaš astmatički napad.

Pacijent: Valjda ste u pravu. Mislio sam da ovdje ništa ne moram da učim, jer sam u bolnici, a ne u školi. Ali izgleda da nažalost i ovdje moram nešto da učim!

Medicinska sestra: Dakle tako. Ti ne voliš da učiš, jel' tako?

Pacijent: Možemo odmah to da odradimo, pa da bude gotovo. Je li ovo za mene?
Medicinska sestra: Da. Ovo je jako praktična brošura. Na crtežima vidiš kako funkcioniše tvoj aparat za disanje. Kad udišeš, vazduh preko nosa prelazi u usta i dalje u grlo. Vazduh ide dalje kroz grlo, onda kroz dušnik, a tačno ovo mjesto ovdje može da otekne i da se suzi onda kad imaš astmatički napad. Plućni mjehurići onda ne dobiju dovoljno vazduha. Vidiš ove mjehuriće?
Pacijent: Super! Dakle zbog toga ne mogu da udahnem! A onda imam bolove u grudima.
Medicinska sestra: Tako je. Mišići u grudnom košu su onda u grču, a onda ti bude još teže disati. Zato je bitno da redovno uzimaš lijekove.
Pacijent: Nikad više neću zaboraviti da uzmem lijekove. ObećaVam!

5 Uzorak mokraće
Medicinska sestra: Eto, donijela sam sve što će Vam biti potrebno da uzmete uzorak mokraće. Ne brinite, sve ću Vam objasniti, korak po korak.
Pacijent: I šta je sve ovo? Spominjali ste da se uzima srednji mlaz, to sam zapamtila.
Medicinska sestra: Dakle da počnemo od početka, u redu? Kao prvo operite ruke, a onda uzmite ove vlažne maramice za jednokratnu upotrebu i očistite izlazni otvor mokraćne cijevi, da ne dođe do infekcije.
Pacijent: Dakle, prvo trebam da operem ruke, a onda da očistim predio genitalija?
Medicinska sestra: Tako je. Sterilnu posudu stavite negdje u blizini. Uzmite samo mokraću srednjeg mlaza. Dakle, prvi mlaz urina izmokrite van posude, srednji u posudu, a zadnji takođe van. I molim Vas, nemojte dirati rub prstima.
Pacijent: Dakle, posudu trebam da držim ovako?

Medicinska sestra: Da, tako je. A onda kad ste skupili mokraću u posudu, sklonite je i izmokrite do kraja. A onda zatvorite posudu.
Pacijent: Sve jasno.

6 Čišćenje rane
Medicinska sestra: Dobar dan, gospođo Schubert. Ja sam Erika. Sada ćemo da očistimo vašu ranu. Molim Vas, pokažite mi ruku.
Pacijentkinja: Naravno.
Medicinska sestra: Hvala. Skloniću zavoj da pogledam ranu.
Pacijentkinja: U redu ... i?
Medicinska sestra: Dobro izgleda. Nema gnoja, a koža oko rane nije skroz crvena.
Pacijentkinja: Drago mi je da je rana skoro zarasla.
Medicinska sestra: Sada ću Vam staviti novi zavoj, a do sljedeće sedmice rana bi trebala skroz da zaraste.

7 Dijabetes
Ljekar: Gospođo Miletić, vidim da ste od mog kolege dobili dijagnozu dijabetesa tipa 2.
Pacijentkinja: Tako je, mnogo sam zabrinuta zbog toga.
Ljekar: Nema razloga da se brinete. Dijabetes tipa 2 nije ništa neobično u današnjem svijetu. Mnogi ljudi žive s tom dijagnozom. Ali moraćete usvojiti zdrave prehrambene navike, inače vaše stanje može se dosta brzo pogoršati.
Pacijentkinja: Dakle, zdrava ishrana je ključna?
Ljekar: Zdrava ishrana, ali i zdrav način života, dakle morate se kretati što više, izbjegavati stres i napore, a takođe zadržavati zdravu tjelesnu težinu.
Pacijentkinja: Doktore, da li trebam da smršam?
Ljekar: Vidim u Vašim podacima da trenutno imate 85 kg, a da ste 170 cm visoki. Ne bi bilo loše da smršate oko 10 kg, i da na taj način

rasteretite organizam. Ali kad se prebacite na dijetalnu ishranu za dijabetičare, višak težine će automatski spasti.

Pacijentkinja: Imam prijatelje dijabetičare koji moraju špricati inzulin. Da li ću i ja to morati? Znate, ja se bojim vakcina ...

Ljekar: Ne brinite, u Vašem slučaju te šprice trenutno nisu potrebne, i ako se odmah prebacite na dijetu i držite se nje, onda neće ni kasnije biti potrebne. Imajte u vidu, dijetalna ishrana je korisna ne samo u odnosu na dijabetes, nego i u odnosu na organe kao što su srce, želudac, crijeva, takođe u odnosu na krvni pritisak, metabolizam ... Vaša ishrana treba biti raznolika i uključivati namirnice iz raznih grupa hrane. Dakle, povrće, cjelovite žitarice, voće, mliječni proizvodi, nemasni izvori proteina kao što su riba i piletina. Napravite plan prehrane, tako ćete uštedjeti vrijeme. Pokušajte jesti tri obroka dnevno, u razmacima od šest sati, to je idealni ritam.

Pacijentkinja: Ali to za mene nije lako, zbog mog radnog vremena ...

Ljekar: Shvatite da poslije dijagnoze dijabetesa zaista morate promijeniti ritam života. Korak po korak. Bitno je da naučite brojati ugljikohidrate. Izbjegavajte slatkiše. Izbjegavajte sendviče iz pekare. Bolje Vam je da skuhate hranu unaprijed. Zaslađene sokove zamijenite vodom ili napicima koji nemaju kalorijsku vrijednost, kao što je biljni čaj. Dnevno nemojte piti više od 120 ml voćnog soka. Radije popijte sok od rajčice ili nekog povrća. Bitno je da shvatite: Od sada morate se hraniti kontrolisano. Morate planirati ishranu i morate se kretati što više – pokušajte svaki dan prošetati makar 45 minuta.

Pacijentkinja: Ima li na internetu da se nađu prijedlozi za zdravu ishranu za dijabetičare?

Ljekar: Naravno, na internetu možete pronaći recepte, tabele i planove za dijabetičare. Ali nije potrebno da tražite, ako Vam se to čini komplikovano, evo imamo brošuru u kojoj ćete naći sve potrebne informacije, izvolite. Osim toga, postoje i aplikacije za dijabetičare na mobilnom telefonu.

Pacijentkinja: Hvala.

8 Demencija

Medicinska sestra: Gospodine Petroviću, kao što ste već bili obaviješteni, moguće je da ćemo Vašu majku uskoro prebaciti na odjeljenje za dementne pacijente.

Petrović: Da li je moja majka definitivno postala dementna? Nije li samo zaboravna?

Medicinska sestra: Nažalost jeste, dijagnoza je postavljena, proveli smo testiranje u nekoliko navrata.

Petrović: I to stvarno ne može da se poboljša?

Medicinska sestra: Nažalost ne može. Vaša majka ispoljava znakove zaboravnosti zbog propadanja nervnih ćelija. Taj proces je nepovratan. Dakle, demencija se definiše kao gubitak ranije stečenih intelektualnih kapaciteta sa dominantnim poremećajem pamćenja, mišljenja i ponašanja. Dakle, u staračkom domu primijetili smo da Vaša majka već neko vrijeme nije u stanju da obavlja uobičajene dnevne aktivnosti, u smislu održavanja lične higijene, samostalnog kretanja i tako dalje. Ona je ne samo zaboravna, nego i dezorijentisana u svim pravcima, ima i teškoće u govoru, promjene raspoloženja i ponašanja. Vjerovatno ste i Vii to primijetili. Osim toga dolazi i do napada agresivnosti, nesanice, uzbuđenosti, paranoidnosti, halucinacija ...

Petrović: Zar ne postoji neki lijek protiv toga?

Medicinska sestra: Ne postoji. Psihički problemi takođe igraju važnu ulogu. Vjerovatno ste i sami primijetili kod majke simptome depresije.

Petrović: Pa ne znam, ona je često loše raspoložena, i vječno nešto zabrinuta ...

Medicinska sestra: Da, ali u posljednje vrijeme riječ više nije o lošem raspoloženju, nego ipak o pravoj depresiji ... Kao što znate, ona prima antidepresivne lijekove. U svakom slučaju, dobro je da je Vaša majka već dvije godine kod nas u staračkom domu, tako da se za nju neće puno promijeniti, jednostavno ćemo je prebaciti na drugo odjeljenje gdje će se bolje brinuti o njoj.
Petrović: I šta će tamo biti s njom?
Medicinska sestra: Tamo se sprovodi ciljana radna terapija, da bi se održao aktuelni nivo mentalnog funkcionisanja. Cilj je dakle da se djeluje na buđenje, usmjeravanje i zadržavanje pažnje, kao i na poboljšanje raspoloženja. Osim toga, terapije djeluju na psihosocijalne i psihomotorne aktivnosti. PokušaVamo pomoći pacijentu u oslobađanju, kočenju i kontroli neprikladnih impulsa ili stanja. Vaša majka će raditi sa bojama, dakle slikati, učestvovati u grupnim aktivnostima i baviti se kreativnim zadacima. Vidjećete, biće joj bolje na novom odjeljenju.
Petrović: Nadam se. Kad treba da se prebaci?
Medicinska sestra: Sljedeće sedmice, u utorak.

9 Tromboza

Ljekarka: Imam jednu dobru i jednu lošu vijest za Vas. Noga ipak nije slomljena, dakle nećete morati nositi gips. Ali nažalost se ispostavilo da imate trombozu u lijevoj nozi. Zapravo ste imali sreću što ste povrijedili nogu na sportu, jer tako smo na vrijeme saznali da imate trombozu. Da nije te povrede, možda bi nekad bilo kasno.
Pacijent: Kasno? Tromboza, je li to nešto opasno?
Ljekarka: Pa kako se uzme. Može biti opasno ako je riječ o dubokoj venskoj trombozi koja zahvaća glavne vene. U tom slučaju ugrušak može otići u srce ili u pluća i izazvati plućnu emboliju, a plućna embolija je zaista opasno stanje i jedan od uzroka nagle smrti. Osim toga postoje takođe površne venske tromboze, koje nisu opasne.

Pacijent: A u mom slučaju tromboza jeste opasna?

Ljekarka: Nije, zato što smo je na svu sreću otkrili na vrijeme. Sljedeći korak se sastoji u tome da ćemo pokušati shvatiti koji je uzrok da je kod Vas došlo do poremećaja zgrušavanja krvi. Da li puno vremena sjedite na poslu?

Pacijent: Da. Radim svaki dan za pisaćim stolom u uredu, oko 8 sati dnevno.

Ljekarka: To svakako nije dobro. Odmah Vam savjetujem da se krećete što više, tako što svakih pola sata napravite vježbe ili prošetate malo. Preko vikenda šetajte što više, vozite bicikl, idite na bazen ... Dakle, što više kretanja. Osim toga, pazite na to da unosite dovoljno tekućine, pogotovo ljeti. U Vašem slučaju takođe se preporučuje nošenje elastične venske čarape, makar po nekoliko dana sedmično, ako je moguće svakodnevno. Osim toga dobićete lijekove protiv zgrušavanja krvi. Ne brinite, otkrili smo trombozu na vrijeme, velike opasnosti nema. Ali počinjemo odmah sa liječenjem, nabavite lijekove i elastične venske čarape još danas, evo Vam recept.

Pacijent: Dobro, hvala.

Ljekarka: Da li pušite?

Pacijent: Pa ... zapravo da, ponekad. Ne baš puno, ali tu i tamo ...

Ljekarka: E, onda prestanite s tim. Što prije, to bolje. Pušenje je jedan od glavnih faktora rizika.

10 Migrena

Pacijentkinja: Čini mi se da sam prošlog vikenda imala migrenu.

Ljekar: Jeste li sigurni da je u pitanju baš migrena, a ne samo jaka glavobolja?

Pacijentkinja: Prilično sam sigurna. Često me boli glava, ali ovo stanje prošlog vikenda bilo je kao neki pravi napad, mnogo intenzivnije i oštrije nego glavobolja. Osim toga, povraćala sam.

Ljekar: Jel' to prvi put da ste dobili tu vrstu napada?

Pacijentkinja: Nisam sigurna. Čini mi se da sam nekad davno, u mladosti, doživjela nešto slično, ali tada sam bila negdje na moru i nisam ni otišla kod doktora. Sve je prošlo samo od sebe, a i nisam bila sigurna da mi to nije možda bilo od alkohola ... Ali ovaj put nisam toliko puno popila, samo dvije čaše vina.

Ljekar: Jel' Vas često boli glava? U kojim situacijama?

Pacijentkinja: Pa zapravo da. Svako malo ... Najmanje jedan put mjesečno, rekla bih. Ako sam na poslu, uzmem odmah lijek protiv glavobolje. Ako nisam na poslu, jednostavno trpim ...

Ljekar: To su vjerovatno tenzijske glavobolje ...

Pacijentkinja: Da, tako je.

Ljekar: A sad, što se tiče ovog napada o kojem govorite: Da li su se bolovi pojavili samo u jednoj polovini glave?

Pacijentkinja: Da, u desnoj polovini je sve počelo. A kasnije se proširilo na cijelu glavu.

Ljekar: Koliko je trajao napad?

Pacijentkinja: Ne mogu to tačno da kažem, ali rekla bih oko 4 sata. U nekom momentu sam zaspala, poslije povraćanja. Kad sam se probudila, sve je opet bilo normalno. Recite mi, kako mogu spriječiti da se ovo opet desi? Bilo je baš užasno...

Ljekar: Pa, to je teško reći. Faktori koji utiču su stres, pušenje, menstruacija, eventualno šećer u ishrani. Ali ne postoji pravi lijek protiv migrene. Pokušajte smanjiti stres, spavati što više i hraniti se zdravo.

Podrška

1 Priprema za operaciju

Medicinska sestra: Dobro jutro, gospođo Wieser. Ja sam Amina, i danas sam zadužena za Vas. Je li sve u redu?

Pacijentkinja: Dobar dan, Amina. Da, sve je u redu.

Medicinska sestra: Htjela bih da provjerim neke stvari koje imaju veze sa vašom pripremom za operaciju.

Pacijentkinja: Važi.

Medicinska sestra: Ovo je vaša dokumentacija. Sve je u redu. Da li ste vi lično sve potpisali?

Pacijentkinja: Da, jesam. Ali sam valjda zaboravila da potpišem na tom jednom mjestu. Dakle, ovdje?

Medicinska sestra: Da. Potpisali ste izjavu da ste informisani o operaciji. Imate li još neka pitanja?

Pacijentkinja: Ne. Sve mi je jasno. Čak sam pročitala dodatne informacije i objašnjenja. Samo još moram da sklonim nakit.

Medicinska sestra: Stavite sve oVamo.

Pacijentkinja: Osim toga znam da se večeras i sutra ujutro trebam oprati antiseptikom.

Medicinska sestra: Tako je. Ovdje imate dva pakovanja, jedno za večeras, drugo za sutra. Koristite antiseptik kao sapun kad se budete tuširali.

Pacijentkinja: Istuširaću se prije nego što odem na spavanje.

Medicinska sestra: U redu. Ali ipak izgledate kao da ste jako zabrinuti. Je li zaista sve u redu?

Pacijentkinja: Ma nisam zabrinuta, ali postajem nervozna.

Medicinska sestra: To je sasvim normalno da se čovjek boji pred operacijom. Ali mislite na to da će se koristiti minimalno invazivni pristup, dakle biće to samo jedan mali rez.

Pacijentkinja: Večeras ću nešto ranije da legnem na spavanje, da ne mislim više puno o tome. Nadam se da sutra neću imati puno vremena da se nerviram. Operacija je već u 7 ujutro, jel' tako?
Medicinska sestra: Da, sutra ujutro.

2 Žeđ
Pacijent: Žedan sam.
Medicinska sestra: Sad još ne smijete ništa da pijete, ali pokVasiću Vam usne.
Pacijent: Umoran sam. Pustite me da spaVam. Jako me boli.
Medicinska sestra: Daću Vam još jednu tabletu protiv bolova.
Pacijent: Umoran sam. Moram nešto da popijem, molim Vas.
Medicinska sestra: Trenutno dobijate infuziju. Za sat vremena možete nešto popiti.

3 Popričati
Pacijentkinja: Dobar dan, Mirjam.
Medicinska sestra: Tu sam da vidim da li ste dobro. Da Vas vratim u sobu? Izgledate umorno.
Pacijentkinja: Da, molim Vas, vratite me u sobu.
Medicinska sestra: Hoćete malo da popričate?
Pacijentkinja: Samo hoću kući, potrebna sam mužu i djeci.
Medicinska sestra: Gospođo Ludwig, ali trenutno svakako ne možete puno da uradite za njih. Morate se odmoriti, i bitno je da još nekoliko dana kontrolišemo vašu ranu, prije nego što odete kući.
Pacijentkinja: *(plače)*
Medicinska sestra: Jasno mi je da Vam nedostaje porodica i da se brinete.
Pacijentkinja: Od rođenja djeca još nikad nisu bila bez mene.
Medicinska sestra: Mogu još malo ostati s Vama, imam još vremena.
Pacijentkinja: Da, hvala.

Dialoge
Deutsch

Allgemeines

1 Kontaktdaten

Krankenpflegerin: Guten Tag, Sie sind Frau Marković, richtig? Nehmen Sie Platz, bitte.
Patientin: Guten Tag, danke!
Krankenpflegerin: Mein Name ist Claudia. Ich werde Sie heute betreuen. Zuerst brauche ich ein paar Informationen von Ihnen. Einige Daten, die ich noch überprüfen muss, fehlen.
Patientin: Einverstanden.
Krankenpflegerin: Ihr Geburtsdatum und Ihr Geburtsort, bitte?
Patientin: Ich bin am 14. April 1975 in Mostar geboren.
Krankenpflegerin: Ihre Adresse, bitte?
Patientin: Margaretenstraße 33/7 im fünften Bezirk, das ist 1050 Wien.
Krankenpflegerin: Ihre Telefonnummer lautet (01) 7542391?
Patientin: Das ist richtig.
Krankenpflegerin: Sie haben Goran Marković als Ihren nächsten Angehörigen angegeben, aber seine Adresse und Telefonnummer fehlen.
Patientin: Oh, das ist mein Sohn. Er hat die gleiche Adresse, da er im gleichen Haus wohnt. Seine Telefonnummer ist 0699/348722089.
Krankenpflegerin: Gut, ich glaube, dass ich jetzt alles habe, danke. Ich zeige Ihnen jetzt Ihr Zimmer.

2 Einführung

Krankenpflegerin: Guten Tag, Herr Milanović. Ich sehe, Sie haben Ihr Zimmer schon bezogen. Finden Sie sich zurecht?
Patient: Ja, danke, ich denke schon.
Krankenpflegerin: Dann zeige ich Ihnen nur kurz, wo Sie was finden.
Das ist die Ruftaste. Drücken Sie die einfach, wenn Sie etwas brauchen. Das Bett ist verstellbar, Sie können entweder das Kopfteil und/oder das Fußteil aufrichten. Drücken Sie einfach hier nach oben oder nach unten.
Patient: Ich verstehe, oh, das ist aber angenehm. Normalerweise habe ich meinen Kopf etwas höher.
Krankenpflegerin: Hier haben Sie das Leselicht.
Patient: Ist gut.
Krankenpflegerin: Das Badezimmer befindet sich hier. Brauchen Sie Hilfe im Badezimmer?

Patient: Eigentlich nicht, aber nach der Operation könnte ich Ihre Hilfe gebrauchen. Ich gebe Ihnen Bescheid.
Krankenpflegerin: Fein! Brauchen Sie noch etwas?
Patient: Nein, ich glaube nicht.
Krankenpflegerin: Ich komme später noch einmal für ein paar Fragen und Erklärungen.
Patient: In Ordnung.

3 Entlassung 1
Krankenpflegerin: Frau Gül, Ihre Entlassungsunterlagen sind fertig. Ich habe auch ein Medikament für Sie. Sie sollten es zwei Mal am Tag nehmen, am besten morgens und abends. Nehmen Sie es mit Wasser.
Patientin: Gut, mache ich.
Krankenpflegerin: Nehmen Sie es wirklich, bis es aufgebraucht ist. Das ist wichtig.
Patientin: Das mache ich. Und was haben Sie da noch?
Krankenpflegerin: Das ist ein Rezept für weitere Medikamente. Sie sollten diese Tabletten in der Apotheke besorgen.
Patientin: Mein Mann ist wieder da, er kann die Entlassungsunterlagen und das Rezept nehmen. Danke, dass Sie sich so gut um mich gekümmert haben.

4 Entlassung 2
Krankenpflegerin: Sind Sie froh, dass Sie heute nach Hause können? Ich sehe, Ihre Sachen sind schon gepackt.
Patient: Ich freue mich schon wieder, bald zu Hause zu sein.
Krankenpflegerin: Das kann ich verstehen. Gehen wir noch einmal alles durch, was Sie zu Hause zu tun haben.
Patient: Könnten wir das machen, wenn meine Tochter da ist? Sie wird mich mit dem Auto nach Hause bringen und sich um mich kümmern.
Krankenpflegerin: Sicher. Ich komme dann später.

5 Kopfschmerzen
Krankenpflegerin: Wie geht's Ihnen jetzt?
Patient: Nicht so gut, ich habe wirklich starke Kopfschmerzen.
Krankenpflegerin: Wir werden etwas dagegen tun. Ich bringe Ihnen eine Schmerztablette. Wann haben Sie die letzte genommen?
Patient: Vor zwei Stunden, glaube ich. Vielleicht ist es auch länger her, ich kann es nicht genau sagen, ich muss zwischendurch eingeschlafen sein.
Krankenpflegerin: Moment, es steht sowieso auf dem Kurvenblatt, ich werde das gleich überprüfen ... Vor drei Stunden haben Sie eine genommen, und es war eine niedrige Dosierung. Ich bringe Ihnen noch eine Schmerztablette.

6 Herzinfarkt

Krankenpflegerin: Guten Morgen, Herr Abrahamović. Ich bin Marija und ich bin heute für Sie zuständig. Wie fühlen Sie sich heute?

Patient: Na ja, es geht so ... Müssen wir heute wieder etwas tun?

Krankenpflegerin: Sie schauen besorgt aus. Ist etwas?

Patient: Ich habe die Nase voll von all diesen Untersuchungen. Ich habe nie ...

Krankenpflegerin: Ich verstehe.

Patient: Denken Sie, es ist alles in Ordnung mit meinem Herzen? Ich verstehe das alles nicht.

Krankenpflegerin: Alles ist ein bisschen verwirrend für Sie, oder?

Patient: Ja, schon. Ich verstehe nicht, wieso ich diesen Herzinfarkt hatte, ich trinke nicht, ich rauche nicht ...

Krankenpflegerin: Das EKG erfasst etwaige Unregelmäßigkeiten, und die regelmäßige Blutdruckmessung zeigt uns, ob es zu einem bestimmten Zeitpunkt einen Anstieg des Blutzuckers gibt.

7 Nahrungsaufnahme

Krankenpflegerin: Haben Sie Hunger, Herr Marković? Hier ist Ihr Mittagessen.

Patient: Das ist gut und ich freue mich schon! Ich habe langsam Hunger. Und das war sehr selten in der letzten Zeit!

Krankenpflegerin: Sitzen Sie bequem?

Patient: Ja, ja, danke.

Krankenpflegerin: Gut, hier, bitte schön. Einfach langsam und gut kauen. Wir haben genug Zeit. Es ist erfreulich zu sehen, dass Sie wieder Appetit haben. Haben Sie den auslaufsicheren Becher gesehen? Sie können ihn selber benutzen. So können Sie langsam wieder eigenständig werden. Wir werden alles nach und nach ausprobieren.

Patient: Danke, dass Sie sich so gut um mich kümmern. Heute probiere ich den Becher aus, und in den nächsten Tagen kann ich auch die anderen Sachen versuchen.

Krankenpflegerin: Ja, machen Sie es so, und ich bin mir sicher, Sie kriegen alles gut hin.

8 Aufstehen

Krankenpflegerin: Da bin ich wieder, Herr Salif. Ist alles in Ordnung?

Patient: Ja. Können Sie mir bitte beim Duschen helfen?

Krankenpflegerin: Natürlich, deswegen bin ich hier. Halten Sie sich an dem Triangelgriff fest und ziehen Sie sich in die Sitzposition. Jetzt bewegen Sie Ihre Beine langsam aus dem Bett. Ich halte Sie fest, falls nötig. Okay ... langsam.

Patient: Na, ich werde von Tag zu Tag besser.

Krankenpflegerin: Stehen Sie fest auf dem Boden?

Patient: Ja, danke.

Krankenpflegerin: Warten Sie, hier ist das Gehgestell. Ich halte es, bis Sie die Griffe festhalten.

Patient: Ich halte sie fest.

Krankenpflegerin: Gut, wie ist es so für Sie? Stabil?

Patient: Wir können gehen.

9 Konflikte

Krankenpflegerin: Hallo, Thomas, ich bin Jasmina. Ich bin deine zuständige Krankenpflegerin für die Nachtschicht.

Patient: Hallo, Jasmina.

Krankenpflegerin: Ich habe gelesen, dass du gestern Strahlentherapie hattest. Wie war es?

Patient: Es war okay, nehme ich mal an, aber heute fühle ich mich wirklich schlecht. Und ...

Krankenpflegerin: Ich verstehe, es muss ja manchmal hart für dich sein. Und weil du schon lang im Krankenhaus bist, vermisst du sicherlich auch deine Familie und Freunde.

Patient: Erbrechen macht ja gar keinen Spaß, aber ich kann damit leben. Aber es ist ..., meine Eltern.

Krankenpflegerin: Kannst du mit ihnen über deine Situation sprechen?

Patient: Na ja, sie tun immer so, als ob alles in Ordnung wäre. Das nervt mich, ich mag keine Lügen.

Krankenpflegerin: Ich verstehe. Du hast eine ältere Schwester, richtig?

Patient: *(nickt)*

Krankenpflegerin: Könnte sie mit deinen Eltern darüber sprechen, wenn du sie darum bittest?

Patient: Ja. Vielleicht. Danke fürs Zuhören. Danke sehr.

Krankenpflegerin: Gern geschehen.

10 Schwangerschaft

Krankenpflegerin: Guten Morgen, Frau Heldwein, schön, Sie zu sehen. Kommen Sie heute zur Kontrolle?

Patientin: Guten Morgen, Anna. Ja, ich bin heute wegen der Kontrolle da.

Krankenpflegerin: Fangen wir mal mit Ihrem Gewicht an, und dann kommt Ihr Blutdruck ...

Patientin: Ich muss Ihnen auch sagen, dass ich viel stärker unter Verstopfung leide als während meiner früheren Schwangerschaften.

Krankenpflegerin: Wie Sie wissen, ist das gar nicht ungewöhnlich während einer Schwangerschaft. Versuchen Sie das über die Ernährung auszugleichen. Essen Sie viel frisches Obst und Gemüse? Kochen Sie frisch?

Patientin: Gleich wie früher. Ich weiß, dass ich mehr davon essen sollte, wie ich es während meiner zweiten Schwangerschaft gemacht habe. Ich habe bloß weniger Zeit zu kochen, weil meine älteren Kinder viel Aufmerksamkeit brauchen.

Krankenpflegerin: Sprechen wir über Ihre täglichen Aktivitäten und Essgewohnheiten. Auch darüber, wie viel Zeit Sie erübrigen können. Dann planen wir gemeinsam, was das Beste für Sie wäre. Ist das in Ordnung?

Patientin: Ja, super Idee. Ich muss mich aufraffen und disziplinieren. Ich bin ja auch nicht mehr die Jüngste.

11 Kinder

Krankenpflegerin: Guten Tag, Frau Platzgummer, hallo, Tom. Wie groß du geworden bist!

Patient: Ich bin jetzt sechs Jahre alt.

Krankenpflegerin: Oh! Setzt du dich hierhin, Tom? Du schaust müde aus.

Mutter: Er sagt, dass er sich schlecht fühlt. Er hat die letzten zwei Tage Fieber gehabt. Er hustet auch. Letzte Nacht konnte er wegen der Ohrenschmerzen überhaupt nicht schlafen.

Krankenpflegerin: Tom, ich werde jetzt mit einem Lämpchen in deine Ohren hineinschauen, danach schaue ich mir deinen Rachen an ... Du hast eine Erkältung, es ist nichts Ernstes, aber du musst ein paar Tage im Bett bleiben. Es ist wichtig, dass du viel trinkst. Was trinkst du gern?

Patient: Früchtetee und Orangensaft.

Krankenpflegerin: Trink viel Tee, das wird auf jeden Fall helfen.
Ich bin mir sicher, dass du schnell wieder gesund wirst. Nimm brav das Medikament, das deine Mutter dir gibt, bleib im Bett und ruh dich aus.

Beobachtung und Behandlung

1 Erstuntersuchung

Krankenpflegerin: Guten Morgen. Frau Marković?

Patientin: Ja. Morgen!

Krankenpflegerin: Meine Kollegin Manuela wird Ihre Erstuntersuchung durchführen.

Patientin: Guten Morgen.

Krankenpflegerin 2: Guten Morgen, Frau Marković! Kann ich Ihr Patientenarmband kurz anschauen, bitte?

Patientin: Bitte schön.

Krankenpflegerin 2: Gut! So, zuerst wiege ich Sie und dann messe ich Ihren Puls. Dann überprüfe ich die Atmung und den Blutdruck.

Patientin: Oh, verstehe.

Krankenpflegerin 2: Steigen Sie bitte auf die Waage.

Patientin: Natürlich ... Und?

Krankenpflegerin 2: 80 Kilo.

Krankenpflegerin: Ist das Ihr übliches Gewicht?

Patientin: Ja.

Krankenpflegerin 2: Nun krempeln Sie bitte Ihren Ärmel hoch, damit ich die Blutdruckmanschette anlegen kann. Lassen Sie Ihren Arm einfach hängen.

Patientin: Ich weiß.

Krankenpflegerin: Sprechen Sie jetzt bitte nicht, es ist wichtig, dass Sie ruhig bleiben. Ich klemme jetzt diesen Clip an Ihren Finger, um die Sauerstoffsättigung zu messen.

Patientin: Sind die Werte in Ordnung?

Krankenpflegerin 2: Ihr Blutdruck ist 120/72, was im Normalbereich liegt. Ihr Puls ist 69, auch gut, und Ihre Sauerstoffsättigung ist 97 %, und das ist auch in Ordnung. Das ist der Sauerstoffgehalt in Ihrem Blut.

Patientin: Okay.

2 Schmerzen

Krankenpflegerin: Guten Tag, Frau Böhler. Wie fühlen Sie sich heute?

Patientin: Ich habe schreckliche Kopfschmerzen ... Ich habe auch nicht viel geschlafen.

Krankenpflegerin: Verstehe ... Haben Sie gestern Chemotherapie gehabt?

Patientin: Ja. Und heute Früh war mir richtig übel. Es ging mir so schlecht, ich musste mich erbrechen.

Krankenpflegerin: Ich werde Ihnen eine Infusion gegen die Übelkeit geben.
So, Frau Böhler, jetzt haben wir es. Ich habe auch eine Schmerzskala mitgebracht. Ich würde Sie jetzt bitten, hier Ihren Schmerz anzugeben, auf welcher Stufe würden Sie

ihn einordnen? Die Skala geht von 0 „kein Schmerz“ bis 10 „unerträgliche Schmerzen“. – Ich hole Ihnen gleich ein Schmerzmittel. Wie wäre es mit einer Tasse Kräutertee?

Patientin: Sehr gerne, danke.

Krankenpflegerin: Ich bringe sie in circa einer halben Stunde, wenn Sie die Wirkung des Antiemetikums spüren.

Patientin: Das wäre nett. Danke.

3 Nachtdienst

Patientin: Ich brauche bitte Ihre Hilfe!

Krankenpflegerin: Guten Abend, Frau Mooshammer. Ich habe Nachtdienst und werde mich um Sie kümmern. Was kann ich für Sie tun?

Patientin: Dieser Schlauch scheint sich bewegt zu haben, vermutlich während ich geschlafen habe. Es könnte sein, dass ich daran gezogen habe.

Krankenpflegerin: Schauen wir mal. Alles scheint in Ordnung zu sein, auch die Pumpe funktioniert gut. Ich kümmere mich um den Schlauch, sodass Sie jetzt bequem schlafen können, ohne an der Pumpe zu ziehen.

Patientin: Danke.

Krankenpflegerin: Gern geschehen.

Patientin: Könnten Sie später noch einmal vorbeischauen? Ich würde mich viel sicherer fühlen, wenn ich wüsste, dass Sie ab und zu nachschauen und kontrollieren. Ich bin erschrocken, als ich aufgewacht bin.

Krankenpflegerin: Sicher, das mache ich schon, keine Sorge. Bei Bedarf läuten Sie bitte einfach. Schlafen Sie gut!

4 Asthma

Krankenpflegerin: Hallo, Andreas, kannst du dich erinnern, dass wir über das Atmen bei Asthma reden wollten?

Patient: Ja ...

Krankenpflegerin: Deswegen bin ich jetzt hier. Ist das in Ordnung?

Patient: Ich habe ja keine andere Wahl, oder?

Krankenpflegerin: Wir können es auch ein anderes Mal machen. Es geht um Folgendes: Wenn du verstehst, wie alles funktioniert mit der Atmung, kannst du auch verstehen, was passiert, wenn du einen Asthmaanfall hast.

Patient: Ich schätze, Sie haben Recht. Ich habe mir gedacht, dass ich nichts lernen muss, weil ich im Spital liege und nicht in der Schule bin. Aber leider doch!

Krankenpflegerin: Ich verstehe. Du magst nicht lernen, oder?

Patient: Machen wir es gleich jetzt, dann habe ich es hinter mir. Ist das für mich?

Krankenpflegerin: Ja. Das ist eine praktische Broschüre. Die Zeichnungen zeigen dir, wie dein Atemapparat funktioniert. Wenn du einatmest, geht die Luft durch die Nase

zu deinem Mund und weiter in die Kehle. Die Luft geht dann weiter durch den Kehlkopf, dann durch die Luftröhre und hier genau ist der Bereich, der bei einem Asthmaanfall anschwillt und sich verengt. Es kommt dann nicht genug Luft bis zu den Lungenbläschen. Siehst du die hier?
Patient: Cool! Deswegen kriege ich dann fast keine Luft! Und dann tut's mir weh in der Brust.
Krankenpflegerin: Genau, weil deine Brustmuskeln verkrampft sind, wird das Atmen noch schwieriger. Deswegen ist es sehr wichtig, dass du deine Medikamente regelmäßig nimmst.
Patient: Ich werde nie wieder meine Medikamente vergessen. Versprochen!

5 Harnprobe
Krankenpflegerin: Hier haben Sie alles, was Sie für die Harnprobe brauchen. Keine Sorge, ich erkläre es Ihnen langsam, Schritt für Schritt.
Patient: Und was ist das alles? Sie haben Mittelstrahlharn erwähnt, das weiß ich noch.
Krankenpflegerin: Fangen wir am Anfang an, einverstanden? Als Erstes sollten Sie Ihre Hände waschen, dann säubern Sie Ihre Urethra, also die Harnöffnung, mit diesen Einwegreinigungstüchern, damit es nicht zu einer Infektion kommt.
Patient: Nachdem ich meine Hände gewaschen habe, mache ich meinen Genitalbereich auch sauber?
Krankenpflegerin: Richtig. Stellen Sie den sterilen Behälter irgendwo daneben bereit. Sie sollten den Harn nur von der Mitte nehmen. Das heißt, Sie lassen zuerst ein bisschen Harn in die Toilette und dann in den Behälter hinein. Dabei berühren Sie den Rand bitte nicht mit den Fingern.
Patient: Und den Becher muss ich so halten?
Krankenpflegerin: Ja, richtig. Genau. Geben Sie dann den Behälter weg und urinieren Sie zu Ende in die Toilette. Dann schließen Sie den Behälter.
Patient: Alles klar.

6 Wundversorgung
Krankenpflegerin: Guten Tag, Frau Schubert. Ich heiße Erika. Ich versorge heute Ihre Wunde. Darf ich Ihren Arm kurz sehen?
Patientin: Sicher.
Krankenpflegerin: Danke. Ich nehme die Bandage herunter und schaue mir die Wunde an.
Patientin: In Ordnung ... Und?
Krankenpflegerin: Es sieht gut aus, kein Eiter, und die Haut um die Wunde ist nicht sehr rot.
Patientin: Schön zu hören, dass die Wunde gut heilt.

Krankenpflegerin: Ich lege nur noch den Verband an, und bis nächste Woche sollte alles wieder in Ordnung sein.

7 Diabetes

Arzt: Frau Miletić, ich sehe hier, Sie haben von meinem Kollegen eine Diagnose erhalten, Diabetes mellitus Typ 2.

Patientin: So ist es, ich mache mir große Sorgen.

Arzt: Kein Grund zur Sorge. Diabetes Typ 2 ist in der heutigen Welt nichts Ungewöhnliches. Viele Menschen leben mit dieser Diagnose. Aber Sie werden anfangen müssen, sich gesund zu ernähren, ansonsten könnte sich Ihr Zustand rasch verschlechtern.

Patientin: Das heißt, gesunde Ernährung ist entscheidend?

Arzt: Gesunde Ernährung, aber auch eine gesunde Lebensweise, das heißt, Sie müssen sich so viel wie möglich bewegen, Stress und Belastungen vermeiden und außerdem auf Ihr Gewicht achten.

Patientin: Muss ich abnehmen?

Arzt: Ich sehe in Ihren Unterlagen, dass Sie derzeit 85 kg wiegen, bei einer Körpergröße von 170 cm. Es wäre nicht schlecht, wenn Sie etwa 10 kg abnehmen könnten, um auf diese Weise Ihren Organismus zu entlasten. Aber wenn Sie Ihre Ernährung umstellen, werden Sie automatisch abnehmen.

Patientin: Ich habe Freunde, die Diabetiker sind und die sich Insulin spritzen müssen. Muss ich das auch tun? Wissen Sie, ich habe Angst vor Spritzen ...

Arzt: Keine Sorge, in Ihrem Fall sind derzeit keine Insulinspritzen nötig, und wenn Sie ab jetzt Ihre Ernährung umstellen und sich an die Diät halten, dann werden auch in Zukunft keine Spritzen nötig sein. Denken Sie daran, eine Diät ist nicht nur gut im Hinblick auf Ihre Zuckerwerte, sondern auch für die Organe, wie etwa Herz, Magen, Darm, und auch im Hinblick auf Ihren Blutdruck und Stoffwechsel ... Ihre Ernährung muss vielfältig sein und Lebensmittel aus unterschiedlichen Gruppen enthalten. Also Gemüse, Vollkornprodukte, Obst, Milchprodukte, fettarme Proteinquellen wie Fisch oder Hühnerfleisch. Erstellen Sie sich einen Ernährungsplan, so sparen Sie Zeit. Versuchen Sie, täglich drei Mahlzeiten einzunehmen, im Abstand von sechs Stunden, das ist der ideale Rhythmus.

Patientin: Das ist nicht einfach für mich, wegen meiner Arbeitszeiten ...

Arzt: Nach einer Diabetes-Diagnose müssen Sie Ihren Lebensrhythmus umstellen. Schritt für Schritt. Es ist wichtig, dass Sie lernen, Kohlenhydrate zu zählen. Meiden Sie Süßigkeiten. Meiden Sie Gebäck aus der Bäckerei. Besser ist, wenn Sie Ihre Mahlzeiten im Voraus selbst zubereiten. Gesüßte Säfte sollten Sie durch Wasser oder kalorienfreie Getränke ersetzen, wie etwa Kräutertee. Trinken Sie pro Tag nicht mehr als 120 ml Fruchtsaft. Besser ist, Sie steigen um auf Tomatensaft oder andere Gemüsesäfte. Sie müssen verstehen: Ab jetzt müssen Sie Kontrolle haben über Ihre Ernährung. Sie müssen Ihre Ernährung planen und sich so viel wie möglich bewegen – versuchen Sie jeden Tag mindestens 45 Minuten zu Fuß zu gehen.

Patientin: Kann man im Internet Anregungen für gesunde Ernährung für Diabetiker finden?

Arzt: Selbstverständlich, im Internet finden Sie Rezepte, Tabellen und Ernährungspläne für Diabetiker. Aber Sie müssen nicht unbedingt selbst suchen, wenn Ihnen das zu kompliziert erscheint, wir haben hier eine Broschüre zusammengestellt, in der Sie alle nötigen Informationen finden, bitte sehr. Außerdem gibt es auch Apps, die Sie sich auf Ihr Handy herunterladen können.

Patientin: Danke.

8 Demenz

Krankenschwester: Herr Petrović, wie Sie bereits informiert wurden, werden wir Ihre Mutter demnächst in eine Abteilung für demenzkranke Patienten verlegen.

Petrović: Ist meine Mutter definitiv dement geworden? Ist sie nicht bloß vergesslich?

Krankenschwester: Leider handelt es sich um Demenz, die Diagnose wurde bereits gestellt, wir haben mehrere Tests durchgeführt.

Petrović: Und das kann sich nicht bessern?

Krankenschwester: Leider nein. Ihre Mutter zeigt Symptome von Vergesslichkeit aufgrund des Absterbens von Nervenzellen. Dieser Prozess ist irreversibel. Das heißt, Demenz wird definiert als Verlust von zuvor erworbenen intellektuellen Kapazitäten mit einer veritablen Störung des Gedächtnisses, des Denkvermögens und des Verhaltens. Das heißt, im Altersheim haben wir bemerkt, dass Ihre Mutter schon seit geraumer Zeit nicht mehr in der Lage ist, ihre täglichen Aktivitäten zu verrichten, etwa im Bezug auf Hygiene, außerdem kann sie sich manchmal nicht selbstständig bewegen und so weiter. Sie ist nicht nur vergesslich, sondern in vielerlei Hinsicht desorientiert, sie hat Probleme beim Sprechen, sie hat Stimmungsschwankungen und verhält sich manchmal auffällig. Vermutlich ist es Ihnen auch aufgefallen. Außerdem kommt es vor, dass sie aggressiv wird, unter Schlaflosigkeit leidet, aufgeregt ist, paranoid ist, manchmal kommt es auch zu Halluzinationen ...

Petrović: Gibt es kein Medikament dagegen?

Krankenschwester: Nein. Psychische Probleme spielen ebenfalls eine wichtige Rolle. Vermutlich haben Sie selbst bei Ihrer Mutter depressive Symptome bemerkt.

Petrović: Ich weiß nicht so recht, sie ist ja oft schlecht gelaunt, und ständig macht sie sich Sorgen ...

Krankenschwester: Ja, aber in letzter Zeit ist es nicht mehr nur eine schlechte Laune, sondern es besteht eine echte Depression ... Wie Sie wissen, nimmt Ihre Mutter auch Antidepressiva. Auf jeden Fall ist es gut, dass Ihre Mutter schon seit zwei Jahren bei uns im Altersheim lebt, so wird sich für sie nicht viel verändern, wir werden sie lediglich in eine andere Abteilung verlegen, wo man sich um sie besser kümmern kann.

Petrović: Und was wird dort mit ihr passieren?

Krankenschwester: Dort wird eine gezielte Beschäftigungstherapie durchgeführt, um ihre mentalen Funktionen aufrechtzuerhalten. Das Ziel ist, ihre Aufmerksamkeit zu wecken, auf etwas Bestimmtes zu richten und beizubehalten, außerdem soll ihre Stimmung aufgehellt werden. Darüber hinaus wirkt sich die Therapie auf psychosoziale und psychomotorische Aktivitäten aus. Wir versuchen, unseren Patienten dabei zu helfen, selbstständiger zu werden und unangemessene Impulse oder Zustände abzumildern und zu kontrollieren. Ihre Mutter wird mit Farben arbeiten, das heißt, sie wird malen, an Gruppenaktivitäten teilnehmen und kreative Aufgaben erfüllen. Sie werden sehen, in der neuen Abteilung wird es ihr besser gehen.

Petrović: Ich hoffe es. Wann wird sie verlegt?

Krankenschwester: Nächste Woche, am Dienstag.

9 Thrombose

Ärztin: Ich habe für Sie eine gute und eine schlechte Nachricht. Ihr Bein ist nicht gebrochen, das heißt, Sie werden keinen Gips tragen müssen. Aber leider hat sich herausgestellt, dass Sie im linken Bein eine Thrombose haben. Eigentlich hatten Sie Glück mit Ihrer Sportverletzung, denn so konnten wir die Thrombose rechtzeitig entdecken. Ohne die Verletzung wäre es irgendwann vielleicht zu spät gewesen.

Patient: Zu spät? Eine Thrombose, ist das etwas Gefährliches?

Ärztin: Je nachdem. Es kann gefährlich werden, wenn es sich um eine sogenannte tiefe Venenthrombose handelt, bei der große Blutgefäße betroffen sind. In einem solchen Fall kann ein Blutgerinnsel zum Herzen oder in die Lunge wandern und eine Lungenembolie hervorrufen. Eine Lungenembolie kann sehr gefährlich sein, sie zählt zu den häufigsten Ursachen für einen plötzlichen Tod. Aber es gibt auch oberflächliche Venenthrombosen, die nicht gefährlich sind.

Patient: Und in meinem Fall handelt es sich um eine gefährliche Thrombose?

Ärztin: Nein, weil wir sie zum Glück rechtzeitig entdeckt haben. Als Nächstes werden wir versuchen, die Ursache für das Entstehen des Blutgerinnsels herauszufinden. Verbringen Sie in der Arbeit viel Zeit im Sitzen?

Patient: Ja. Ich arbeite jeden Tag am Schreibtisch im Büro, etwa 8 Stunden am Tag.

Ärztin: Das ist gar nicht gut. Ich rate Ihnen gleich, sich so viel wie möglich zu bewegen, versuchen Sie, jede halbe Stunde Turnübungen zu machen oder ein paar Schritte zu gehen. Am Wochenende sollten Sie versuchen, längere Spaziergänge zu unternehmen, Fahrrad zu fahren, schwimmen zu gehen ... also möglichst viel Bewegung zu machen. Außerdem achten Sie bitte darauf, viel zu trinken, vor allem im Sommer. In Ihrem Fall empfiehlt sich auch das Tragen von elastischen Stützstrümpfen, zumindest einige Tage in der Woche, am besten aber täglich. Außerdem bekommen Sie Medikamente zur Blutverdünnung. Keine Sorge, wir haben Ihre Thrombose rechtzeitig entdeckt, es besteht keine Gefahr. Aber beginnen wir sofort mit der Behandlung, besorgen Sie sich die Medikamente und die Stützstrümpfe noch heute, hier haben Sie das Rezept.

Patient: Gut, danke.

Ärztin: Rauchen Sie?

Patient: Na ja ... eigentlich schon, manchmal. Nicht sehr viel, aber hier und da ...

Ärztin: Hören Sie am besten sofort damit auf. Je früher, desto besser. Rauchen zählt zu den wichtigsten Risikofaktoren.

10 Migräne

Patientin: Ich denke, ich hatte letztes Wochenende eine Migräne-Attacke.

Arzt: Sind Sie sicher, dass es Migräne war und nicht einfach starke Kopfschmerzen?

Patientin: Ich bin ziemlich sicher. Ich habe häufig Kopfschmerzen, aber das, was ich letztes Wochenende hatte, war wie ein richtiger Anfall, viel intensiver und akuter als Kopfschmerzen. Außerdem musste ich mich übergeben.

Arzt: Ist es das erste Mal, dass Sie eine solche Attacke hatten?

Patientin: Ich bin mir nicht ganz sicher. Ich denke, irgendwann früher, in meiner Jugend, hatte ich etwas Ähnliches, aber damals war ich am Meer und habe keinen Arzt aufgesucht. Es ging von allein weg, aber es kann auch sein, dass ich damals einfach zu viel Alkohol getrunken hatte ... Aber diesmal hatte ich gar nicht viel getrunken, nur zwei Gläser Wein.

Arzt: Haben Sie oft Kopfschmerzen? In welchen Situationen?

Patientin: Eigentlich schon. Immer wieder einmal ... mindestens ein Mal im Monat, würde ich sagen. Wenn ich in der Arbeit bin, nehme ich sofort Schmerzmittel dagegen. Wenn ich gerade freihabe, halte ich es einfach aus ...

Arzt: Das sind vermutlich Spannungskopfschmerzen ...

Patientin: Ja, so ist es.

Arzt: Und jetzt zu der Attacke: Traten die Schmerzen nur in einer Kopfhälfte auf?

Patientin: Ja, die Schmerzen setzten in der rechten Kopfhälfte ein. Aber später breiteten sie sich auf den ganzen Kopf aus.

Arzt: Wie lange hat es gedauert?

Patientin: Ich kann es nicht genau sagen, aber ich denke, etwa 4 Stunden. Irgendwann bin ich eingeschlafen, nachdem ich mich übergeben hatte. Als ich aufgewacht bin, war alles wieder normal. Sagen Sie, wie kann ich es verhindern, dass das wieder passiert? Es war richtig schlimm ...

Arzt: Na ja, das ist schwer zu sagen. Die Faktoren, die einen Einfluss haben, sind Stress, Rauchen, Regelblutung, eventuell Zucker in der Ernährung. Aber es gibt kein bestimmtes Medikament gegen Migräne. Versuchen Sie, Stress zu vermeiden, schlafen Sie genug und ernähren Sie sich gesund.

Unterstützung

1 OP-Vorbereitung

Krankenpflegerin: Guten Morgen, Frau Wieser. Mein Name ist Amina, und ich werde mich heute um Sie kümmern. Passt soweit alles?

Patientin: Hallo, Amina, ja, alles passt.

Krankenpflegerin: Wir gehen jetzt Ihre Operationsvorbereitung zusammen durch, in Ordnung?

Patientin: Machen wir das.

Krankenpflegerin: Ich habe Ihre Patientenunterlagen hier bei mir. Alles sieht gut aus. Haben Sie die Formulare alle selbst unterschrieben?

Patientin: Ja, habe ich. Das eine habe ich dann übersehen. Hier?

Krankenpflegerin: Perfekt. Sie haben auch unterschrieben, dass Sie alle notwendigen Informationen über die Operation bekommen haben. Haben Sie noch Fragen?

Patientin: Nein. Alles ist klar. Ich habe sogar zusätzliche Informationen und Erklärungen gelesen. Ich muss nur noch meinen Schmuck ablegen.

Krankenpflegerin: Legen Sie ihn hier hinein.

Patientin: Ich weiß auch, dass ich mich heute Abend und morgen Früh mit einem Antiseptikum waschen muss.

Krankenpflegerin: Genau. Sie haben hier zwei Päckchen, eines ist für heute Abend und das zweite für morgen. Benutzen Sie es als Seife beim Duschen.

Patientin: Ich dusche mich damit, bevor ich schlafen gehe.

Krankenpflegerin: In Ordnung. Sie sehen trotzdem besorgt aus. Ist alles in Ordnung?

Patientin: Besorgt bin ich nicht, aber ich werde langsam nervös.

Krankenpflegerin: Dass man sich fürchtet vor einer Operation, ist ganz normal. Denken Sie nur daran, dass der Eingriff für Ihren Körper schonend sein wird, es wird nur ein ganz kleiner Schnitt.

Patientin: Ich werde heute früher schlafen gehen, damit ich nicht mehr viel darüber nachdenken muss. Hoffentlich werde ich nicht zu viel Zeit haben, um vor der OP ganz aufgeregt zu sein. Sie wird morgen um 7 Uhr sein, richtig?

Krankenpflegerin: Genau, sie ist für morgen Früh geplant.

2 Durst

Patient: Ich bin durstig.

Krankenpflegerin: Sie dürfen noch nicht trinken, aber ich befeuchte Ihnen die Lippen.

Patient: Ich bin müde. Lassen Sie mich schlafen. Es tut so weh.
Krankenpflegerin: Ich gebe Ihnen noch ein Schmerzmittel.
Patient: Ich bin so schläfrig. Ich muss etwas trinken, bitte.
Krankenpflegerin: Sie bekommen gerade eine Infusion. Etwa in einer Stunde dürfen Sie wieder etwas trinken.

3 Zurede
Patientin: Hallo, Mirjam.
Krankenpflegerin: Ich bin hier, um zu schauen, ob es Ihnen gut geht. Möchten Sie wieder in Ihr Zimmer gehen? Sie sehen müde aus.
Patientin: Ja, bitte bringen Sie mich zurück.
Krankenpflegerin: Möchten Sie ein bisschen mit mir plaudern?
Patientin: Ich möchte nur nach Hause, zu meinem Mann und meinen Kindern. Die brauchen mich.
Krankenpflegerin: Na ja, liebe Frau Ludwig, noch können Sie ja gar nicht viel für sie tun. Sie müssen sich erholen, und es ist wichtig, dass wir Ihre Wunde noch ein paar Tage im Auge behalten, bevor wir Sie nach Hause entlassen.
Patientin: *(weint)*
Krankenpflegerin: Ich verstehe, dass Sie Ihre Familie vermissen und sich Sorgen um sie machen.
Patientin: Seit der Geburt waren meine Kinder noch nie ohne mich.
Krankenpflegerin: Ich kann ja noch ein bisschen bei Ihnen bleiben, ich habe noch Zeit.
Patientin: Ja, bitte. Danke.

Literatur

Jibidar, Adèle (2014): *Grundwortschatz Englisch für Pflege- und Gesundheitsberufe.* Deutsch-Englisch, Englisch-Deutsch. Wien: facultas.

Menche, Nicole (Hg.) (2011): *Pflege Heute*. München: Urban & Fischer.

Reiter, Monika; Aiglesberger, Michael; Hochleitner, Petra; Kleiss, Doris (2014): *Gesundheits- und Krankenpflege.* Manual. Wien: facultas.

Links

http://www.crodict.at/deutsch-kroatisch.html
(Wörterbuch Deutsch-Kroatisch)

http://hjp.novi-liber.hr/
(allgemeines einsprachiges kroatisches Wörterbuch mit Begriffserklärungen, gelegentlich auch Beispielsätzen)

http://www.medicinskirjecnik.com/
(medizinisches Wörterbuch auf Kroatisch)

http://www.mojezdravlje.net/Registar-medicinskih-pojmova/0/0/pojmovi.aspx
(Register medizinischer Begriffe)

http://www.plivazdravlje.hr/medicinski-leksikon
(medizinisches Lexikon auf Kroatisch)